クシィ・ギャル
大研究

読み方・読まれ方・読ませ方

上野千鶴子

岩波書店

目次

4　ハズレ者とハズサレ者

プロローグ――この世は男と女でできている。そこで……

人間の「しぐさ」にも、文法がある

人間の行動は、どんなものであれ、他人に対するメッセージになっている。あくびという行動を例にとってみよう。誰もいない密室の中であくびをすれば、それは体内の酸素不足を補うための、純然たる生理現象にすぎない。ところが、他人がいるところであくびをすれば、たんなる生理現象ではすまされなくなる。たとえそれが、ふつか酔いがたたった悪気《わるぎ》のないあくびでも、だ。

「私、あんたに退屈しているのよネ」

「こんなくだらん会議は、やめたらどうだ」

という類いのメッセージになってしまう。だから、恋人や上役の前では、うっかりあくびはできないし、目に涙をためながらでもがまんしたりする。反対に、わざとあてつけがましくあくびしてみせて、さりげなく、しかし断固として意のあるところを伝えることもできる。

あくびなどという目立つ行動だけではない。身ぶり、しぐさ、姿勢も、いろいろとモノを言っている。ヒトは、ただ黙って立っているときでさえ、そのたたずみかたひとつで、

「私に近づかないで」

とか、

「オレに服従しろ」

などのメッセージを送ることができるのだ。ヒトは、ことばだけでコミュニケーションしているのではない。むしろ、ヒトはことばを発明する以前からしぐさや身ぶりでコミュニケーションしてきたのだから、こっちのほうが、歴史は古く、根は深いともいえるのである。

行動がメッセージになっているということは、裏返せば、ヒトのしぐさや身ぶりや姿勢に、何かの意味を読みとる人間がいる、ということだ。ある一人の男が、ちょっといい女にウインクしてみせたら、「あら、目にゴミでもはいったの」と軽くあしらわれて、ハイお気の毒――という古いジョークが、なぜジョークとして通用するのか。

もしも読み手が、この女は本気になって目の心配をしているのだ、と思ったとしたら、これはひどいカンチガイである。この読み手は、字は読めるかもしれないが、ウインクと

いう行動の意味を「読む」ことを知らなかったのである。この種の冗談が通用するには、行動の意味を知っている人が存在しなければだめなのだ。漫画や劇画の中にも、こうしたメッセージを伝えるポーズが満ち満ちている(五、八ページ参照)。

ある行動から、どんな意味を読みとるか。そこには、社会的に通用する約束ごとがある。いわば、ことばに文法があるように、行動にも、「しぐさの文法」がある。人々は、この文法にしたがって、行動によるメッセージを交換しあい、コミュニケーションしている。ことばが目に見える(というよりは耳に聞こえる)コミュニケーションだとするなら、行動は目に見えない(じっさいは見えているのだが)コミュニケーションといえる。

社会は、目に見えない「しぐさの文法」という網ですっぽりと覆われている。人々は、この網の目の中で、ほほえみをかわしたり、つと顔をそむけたり、しなだれかかったり、口もとを手で隠したりしながら暮らしている。そして、この「しぐさの文法」をいったんわがものとしてしまうと、いままで見えなかったオソロシクもありオモシロクもあるこの世の中のしくみが、忽然《こつぜん》として目の前に姿を現わしてくるのだ。この本をお読みいただけると、そのことがきっとはっきりとしてくると思う。

ヒトは、「ホモ・エンギモノ」だ

ところで、ことばは「こういうことを相手に伝えよう」と、意図的に発信されるのがふつうだ。もちろん、ときには「思わず」言ってしまった一言が、思いがけない反応を引き起こすことがある。えてしてこういうときに、人の本音が出てくる。そこで、ビートルズの Yesterday みたいに、「ボク、何か悪いこと言っちゃったのかしら」と、失恋する羽目におちいることになる。

しかし、こういう「思わず口に出ることば」というものは、日常生活ではかなり少ない部類にはいる。だからこそ、私たちは、あー疲れた、しんどいこっちゃ、と暮らさざるをえない。人間は、ほんとうにあちこちに気がねしながら生きている。こんなことを言うと、「ウエノチズコが遠慮しいしい口をきいているって？　ウッソォー」などという野次がとんできそうだが、なにをおっしゃる、ちゃんと気をつかいながら暮らしております。

脱線はほどほどにしよう。ウソは、人間が意図的にことばを使う典型的な例である。同じように、しぐさや身ぶりの行動によるメッセージでも、人間は意図してウソをつくことができる。いわば、「しぐさの文法」の悪用(?)である。かくして、人は意識的にことばと行動によるウソとマコトのメッセージを発信し、受信しあっている。

5

③	①
④	
⑤	②

①ちばてつや『おれは鉄兵』(講談社)
②上村一夫『同棲時代』(双葉社)
③いしいひさいち『がんばれ!!タブチくん!!』(双葉社)
④黒鉄ヒロシ『結作物語』(双葉社)
⑤モンキー・パンチ『ルパン三世』(双葉社)

しかしいったい、人間はこうやって、何を伝えようとしているのか？　それは究極のところは、自分がこの社会の中で、どのような役割を演じているのかを示すことにほかならない。内心は怒りバクハツでも、その場の役割としては、素知らぬ顔をしてみせなければならないことがある。尊大な性格の人は、尊大な身ぶりをすることで尊大な性格をつくる。怒りを抑える人はがまん強い人という役割を演技し、尊大な身ぶりをする人は、尊大な人間の役を他人の前で演じてみせているのである。

人間の自己が、他人の前に示される演技だということをはっきりと言ったのは、アメリカの社会学者、アーヴィング・ゴフマンである。人間は、誰もが日々自分を演じている役者なのだ。私たちは、社会生活という舞台の上に登場し、おたがいに代わりばんこに、役者になったり観客になったりする。

人間のことを、ホモ・サピエンス(知能あるヒト)とか、ホモ・ロクエンス(ことばをしゃべるヒト)とかいう呼びかたをすることがある。この例にならえば、人間はホモ・パフォーマンス(演技するヒト)なのである。あるいは、ホモ・エ、ン、ギ、モ、ノ、といえるかもしれない。

発情期以外でも、セクシーでいられる人間とは？

演技する人間として、もっとも深く、大きく分かれている役割分担がある。言うまでもなく、男の役と女の役である。男と女は、オスとメスとして生まれてきさえすれば、一直線に男や女としてふるまうことができるのではない。オスに生まれながら女を、メスに生まれながら男を演じている例なんて、いくらでも見かけることができる。

ヒトという動物は、動物の一員でありながら、他の動物には見られないような、珍妙なことをいろいろとやってくれる動物だ。他の動物の場合、オスとメスは、発情期以外は、同じ種の動物同士として、あいさつしあったり避けあったりして暮らしている。オスとメスが「らしく」ふるまうのは、発情期だけである。

たいがいの動物は、発情期が一生に一度しか訪れなかったり、一年に数週間しか続かない。ところが、ヒトという特殊な動物は違う。発情期以外にも、オスとメスがおたがいに相手に対して「らしく」ふるまう。人間の世界には、男と女という性的コミュニケーションの回線が充満している。いつでも発情している「スケベニンゲン」――ホモ・エロティクスが、人間の別名である。

発情期に、オスの演技とメスの演技とが分離しパターン化することには、重要な意味がある。繁殖のためには、男と女はたがいに違う部分、ということはつまり自分に足りない部分を認めあい、接近し、接触しあわなくてはならない。そのためには、どの個体と接触

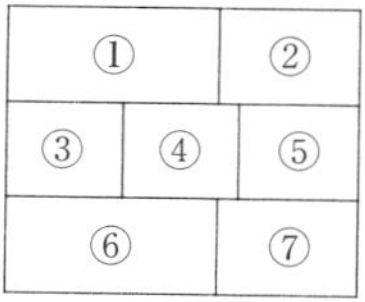

①はるき悦巳『じゃりン子チエ』(双葉社)
②守村大『イブのおくりもの』(双葉社)
③どおくまん『嗚呼!!花の応援団』(双葉社)
④吾妻ひでお『ななこ SOS』(光文社)
⑤新田たつお『怪人アッカーマン』(双葉社)
⑥山本おさむ『ぼくたちの疾走』(双葉社)
⑦平野仁『メロス』(双葉社)

でき、どの個体とはできないかが、明らかにならなければならない。そのために、雌雄を明確にさせる必要が出てくる。たまには、ホモの男性が女性を偽装する、なんてこともあって、このにせのメッセージに引っかかった男性は、自分の遺伝子を残すことができない。

しかし、発情以外にも、男の演技と女の演技が充満している人間の社会とは、男と女の区別が社会のしくみの中に、がっちりと組みこまれた社会である。ここでは、男と女は、あたかも別の種の動物であるかのようにさえ見える。男も女も、同種の、つまり同性の相手に送るメッセージと、異種の、つまり異性の相手に送るメッセージとを使いわけているからだ。

そして、男は、自分と同種の個体に対して「らしく」ふるまうことを要請されるのに対し、女はもっぱら男に対して「らしく」ふるまうよう、強制される。女のふるまいは、どんなものでも、異性に対する性的メッセージ――誘いかけ、逃避、挑発など――として読みとられる。

というのは、女のしぐさを読みとる文法を作るのは、男のほうだからだ。

だから、ちょっとすが目で焦点の定まらない視線をしているだけで、自分ではその意図は少しもなくても、

「色っぽい流し目だね」

なんて言われたりする(女もいる)。

女の行動は、男の目から見たら、性的メッセージのカタログだ。女のどんなしぐさでも、男は性的に読みとる代わり、女はそれを利用して、どんなしぐさをすれば、男をハメることができるかを知ることもできる。男と女は「らしさ」ごっこを演じあっているわけだが、この演じあいは、じつは対等ではない。男と女のコミュニケーションの中では、女が演技者で、男は観客だ。この位置関係は逆転しない。そのことはもちろん、現在の社会の中で、女が置かれた力関係を反映している。

男は「女らしさ」を振りつけし、読みとり、観賞し——そしてもちろん、発情する。この「らしさ」のカタログは、男たちの作ったマスメディアの中に、うんざりするほど登場する。いまからお目にかけるのは、広告というもっともポピュラーな媒体に登場する、女たちの「らしさ」のカタログであり、その隠されたメッセージを読みとく手引きである。それをどう使うかは、読者のあなたの勝手です、ということにしておきたい。

1

「夫婦茶碗」のおそろしい秘密

巨人軍は勝たねばならぬ、女は弱くあらねばならぬ

「♪男の髪が肩まで伸びて、女と同じになっても」、巨人軍と夫婦茶碗は不滅なのだ⁉

「男と女のからだはどう違うか」——こう質問されたとき、あなただったらどう答えるだろうか。顔、乳房、性器、おしり、からだの大きさ等々のことを思い浮かべるに違いない。もし、多少とも遺伝学の知識のある人だったら、遺伝子、染色体の違いをあげるかもしれない。

染色体の違いはともかくとして、いまあげたものは、いずれも男と女の見た目の違いである。行動学《エソロジー》では、このオスとメスの見た目の違いを〈性的二型性〉と呼んでいる。そのもっとも典型的な例が、ゴリラである(1)。そこで、この章ではまず、男と女のサイズの違いが、私たちの社会生活の中でどのような意味を持ち、そのことが男と女のあいだに、どのようなメッセージとして現われているかを考えてみることにしよう。

あなたは、長髪でTシャツ、ジーンズというペアルックのカップルを見かけたとき、どうやって男と女を区別するだろうか。ふつうは、まず胸のふくらみをさがす。それさえ定

①

かでないときには、背の高いほうを男とみなす。シルエットしか見えなければ、高いほうが男だと信じて疑わない。もし、実際は逆だったりすると、「のみの夫婦」などと呼んで、がくぜんとする。

ことほどさように、私たちの社会では、「男は大きく、女は小さい」という性的二型性の神話が、強固に根づいている。その証拠に、いまでも結婚相手に「身長何センチ以上」という条件をつける女性はあとを断たない。

この「男は大きく、女は小さい」という関係を戯画化したものが、「美女と野獣」の組み合わせ

③

である(②)。男は、フランケンシュタインか、はたまたグリズリーのごとく粗野で大きく、女は、さながら親指姫のように楚々《そそ》として小さく愛らしい。だから、大柄な女は、ただそれだけで身をすくめてしまう。背の高い女性に猫背が多いことは、よく知られている事実だ。

　このほかにも、「大男と小女」のパターンは、繰り返し繰り返し、さまざまなところに現われる。上のイラスト(③)のように、全身ではなく、からだの一部分だけを描いた場合でも、男のものは大きく、女のものは小さい。手足の長さや

大きさ、太さも違う。身につけるもののサイズも違う。使うもののサイズも違う（④）。
ところで、ものに現われた男と女のサイズの違いについて、わが国には古くから夫婦《めおと》茶碗、夫婦箸《ばし》の伝統がある。しかし、この夫婦茶碗的認識も、現実よりは神話の部類に属していることは明らかだ。世の中には、亭主よりも大食らいの女房なんぞ、ごまんといるし、夫婦箸にいたっては、機能的にも使いにくい。箸やペンのような機能的な道具は、あるサイズ以下になると、かえって使い勝手が悪くなる。その証拠に、婦人用万年筆やボールペンなどというものが売り出されて、当たったためしがない。

このように、夫婦茶碗的神話は、現実よりも現実的なところがやっかいである。なによりもこわいのは、もし神話と現実が食い違ったら、現実のほうをねじまげて神話に合わせてしまうことだ。神話が現実を解釈する鋳型《いがた》になっているのである。

たとえば、髪は女のシンボルだとされているが、私たちは、髪の長いうしろ姿を見るだけで、彼女が女であると信じて疑わない。追い越しざまに、どんな娘かな、と振り返ってみて、青々としたひげのそりあとなんかを発見すると、「何だ野郎か！」などと悪態をついたりする。これなどは、神話的な解釈図式が、現実の認識のほうを、勝手に歪《ゆが》めてしまう典型的な例である。

ところで、私はこの本の中で、人間とくに女性のからだやしぐさが発するメッセージの意味を考えるのに、広告写真をサンプルとして使っている。それには深い必然性がある。そこで話を先に進めるまえに、その理由について簡単にふれておくことにしよう。

広告写真の役割は、当然、人目をひくことである。しかし、けっして突飛《とっぴ》であってはならない。これはファッションと同じである。大衆より一歩先を行くのはいいが、三歩先を歩くと行きすぎてしまう。受け手にメッセージが伝わらなくなってしまうからだ。

言うまでもなく、広告のメッセージは、相手に伝わらなければ意味がない。だから、広告は、その時々の社会が共有している了解事項を反映したものでなければならない。この章のテーマに即して言えば、「男は大きく、女は小さい」ということが了解事項にあたる。つまり、見かたをかえて言うと、広告を見れば、その時代の人々の典型的な考えかたの基準《スタンダード》が、表現されているのを見てとることができるのである。

ところで、人間のしぐさや身ぶりも、どんなささいなものであれ、それが置かれている社会的背景の中で一定のメッセージを持っている。よくあるケースとしては、たんなる生理的反応にすぎないあくびでさえ、会議中にやれば、身を入れていない不謹慎さの現われとなる。

このように、人間の行動が本来の機能的な意味を失って、ある社会的背景の中で特定の意味を獲得することを、行動学では「儀礼化《リチュアライゼーション》」と呼んでいる。広告の中の性表現の行動学的分析に先鞭《せんべん》をつけた、アメリカの社会学者、アーヴィング・ゴフマンは、広告に現われるしぐさの典型性を「超儀礼化《ハイパーリチュアライゼーション》」と名づけた。「ほんとうよりもほんとうらしい」というわけだ。

広告の作り手たちは、「どうすれば、うけるか」という基準にしたがって、一枚の写真を選択する。しかし、その選択は、無意識的ではあっても、けっして無意図的なものではない。だから、私たちは、送り手がそれと自覚せずに直感的に送ったメッセージを、これまた無意識的かつ直感的に受けとっているわけだ。このことばにならないと考えられてきた「ことばによらないメッセージ」を、ことばにしてみせるのが、行動学の手法なのである。

ジャイアント馬場や高見山だったら、ハーレムを作っても不思議はない、という話

話がやや専門的になってしまった。本題に戻すことにしよう。私は、いま、私たちの社会には「大男と小女」という神話的構図が強固に根づいている、と説明した。たぶん、男たちからすれば、こう反論したくなることだろう。

「あんたのでは見えすいているよ。サイズの違いを神話だと言いくるめることで、女を萎縮《いしゅく》させる男社会の論理を非難する、というやりくちだろう。そうは問屋が卸さない。なんたって男が女より大きいのは、生物学的事実なのだ。女が男の体格の約八〇パーセントだということは、統計学的にも立証されているしね。事実を歪曲《わいきょく》する深読み、ひねくれ。これだから女のひがみ根性にはかなわねェ……」

お説ごもっとも、まったくご指摘のとおりである。

ところで、女の体格が男の八〇パーセント、というこの性的二型性は、いったいなにを意味するのだろうか。

ヒトを含む霊長類のあいだで性的二型性を比べてみると、性的二型性の大きい種《しゅ》と、そうでない種のあることがわかる。

では、どこを比較するのかといえば、人間の場合はともかくとして、まさかサルの場合、衣服で比較するわけにもいかない。ライオンや鳥類のように、かたちや被毛の色が明らかに違うということもない。さらに、第二次性徴がはっきりするのは発情期だけだから、そのほかの期間には、おしりの赤みや、乳房のふくらみで判断するわけにもいかない。ないない尽《づ》くしである。そうなると、残るは、身長と体重、つまり体格の差だけということになる。

そこで、霊長類のメスとオスの体格の

違いを比べてみると、一見してオスとメスの違いがわかるのは、なんといってもゴリラである。これに対して、マントヒヒのように性的二型性の小さいタイプは、背を向けて並んでいると、オスとメスの区別がつかないほどである。ニホンザルは、その中間に属する。

この体格の違いは、霊長類の社会ではそのまま性行動の違いにまで関係する。性的二型性の大きいゴリラは、一夫多妻のハーレムを作る。がっしりしたオスのシルバーバックが、複数のメスを従えて森の中へ消えていく姿は、威風堂々として壮観である。これに対して、性的二型性のほとんどないマントヒヒは、一夫一婦のつがいを形成する。

この事実は、体格の大きさが、性的ポテンシャリティと比例しているという仮説を導きやすい。メスよりずっと大柄なゴリラのオスは、一匹のメスでは満足できないからハーレムを必要とする、というわけだ。

この説は、ヒトの男性を大いにうれしがらせることだろう。そら見たことか、女は男の八〇パーセントだ。一人のメスで満足できない残りの二〇パーセントはどうしてくれる。だから、浮気は男の宿命なのだ、と。

しかし、体格と性欲が比例しているわけではないことは、小柄でも精力絶倫の男性がいることからすぐわかる。

ただ、人間の場合、見かけのうえの性的二型性が、男と女の性行動の差に関係するということは、十分ありうる話だ。というよりも、逆に、男と女の性行動に大きな落差がある場合には、それが体格のうえの性的二型性に影響するという可能性さえあるかもしれない。たとえば、一夫多妻制の社会や、男が女に対して大きな権力を持っているような社会では、女が小柄になったり、あるいは小柄な女が好まれたりする傾向を予測することができる。

たしかに、ヒトは、動物の中では、性的二型性の比較的小さい部類に属する。しかし、それでも髪の長さや身に着けるもので、性的二型性を強調する社会や、そうでない社会があることもまた事実だ。

現在、男と女の服装で、もっともはっきりした違いは、ズボンかスカートか、ということである。これについて、女性史研究のパイオニア、村上信彦《むらかみのぶひこ》さんが、興味深い説を唱えている。少し余談になるが、ご紹介しよう。

村上さんは、日本史を女の服装から「女がズボンをはいていた時代」「女がズボンを脱いだ時代」「女が再びズボンをはくようになった時代」の三つに区分している。上代から平安朝までは、日本人が、男も女も裳《も》というはかま状のズボンをはいていた時代である。女が裳を脱いで、着流しのままですごすようになったのは、鎌倉時代以降、家父長制の中で女の地位が低下しはじめてからである。着流しの女は、もちろんパンツなんかはいていないから、めくれればたちまち情を交えることができた。

ところが、袴をはいていると、そんなわけにはいかない。『万葉集』の恋人たちは、別離に際して、たがいに「下紐《ひも》解くな」(自分以外の相手に対して、袴を脱いじゃいけませんよ)と誓い合った。女が再びズボンをはくようになったのは、戦時中のモンペと、ここ十数年のジーパン文化の普及による。

女たちがはじめてジーパンをはきはじめたころ、ある女性は、こう述懐した。

「ジーパンをはきはじめてから、あたし、性的に主体的になったわ」

なぜかと言うと、スカートの頃には、なんとなく成り行きでよんどころない仕儀になることがままあったのだが、ズボンになると、自分でベルトに手をかけざるをえず、そのさい、一瞬「待てよ」と思うのだそうだ。ジーパンのベルトは、古代の袴の、下紐の役割を果たしているわけだ。

ジーパンと性的主体性――この組み合わせは、けっして突飛なものではない。なぜなら、ユニセックス・ファッションの流行は、女性の社会的地位が、男性に近づいてきたことを意味しているからだ。だから逆に、性的二型性の大きいファッションは、男と女の社会的格差を表わしているとも言えるのだ。

その最たるものは、十九世紀から二十世紀初めのイギリス、ビクトリア朝で流行したクリノリン・スタイルと呼ばれるファッションである。これは、鯨骨でできたコルセットとペチコートで、女性の胸と腰のふくらみを実際以上に強調した。このファッションの流行は、料理にハエが一匹とまっても、悲鳴をあげて失神する、という「女らしさ」の規範《スタンダード》が成立した時代背景を持っていたのである。

とは言っても、衣服は変えることができる。しかし、体格や体型のように変えられないものについてさえ、文化的な選択があったと考えることができる。現に、ある人類学者は、女が男より小さいのは、男が小さい女を好んだからだ、とまで言っている。その結果、体格の小さい女は、より多く遺伝子を残す機会に恵まれ、何世代にもわたって選択が繰り返された結果、小柄な女が多くなった、というのである。

だとすれば、女が男より小さいという生物学的事実さえ、いままでの人間社会のありかたの反映、あるいは結果かもしれない。ましてや、「ほんとうよりもほんとうらしい」広告の中で定式化される性的二型性にいたっては、もはやそうでなければならない規範の役割を果たしていると言っても過言ではない。

男と女の性的二型性について、こういう三段論法は成り立つだろうか。

「男は女より背が高い。けれど西洋人は日本人より背が高い。ゆえに、西洋人の女は日

②

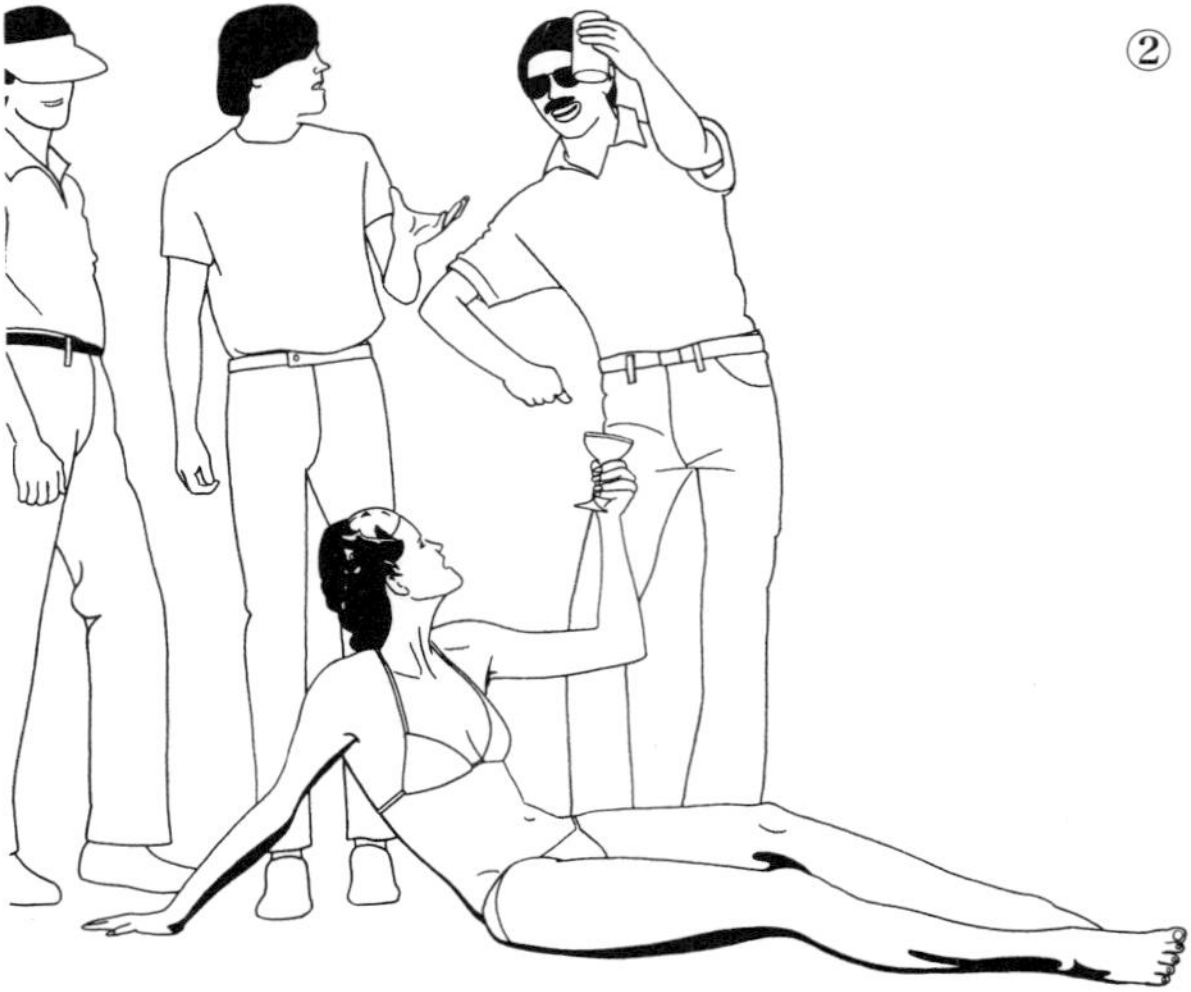

本人の男より背が高い」

事実のレベルで言えば、男より背の高い女はごまんといる。しかし、広告の中には「のみの夫婦」はまず登場しない。広告に「大女と小男」の組み合わせが出るときには、ひとつのしかけがある。それは、女が外国人だ、ということだ。

外国人は、日本社会にとってはアウトサイダー＝ヨソノヒトだ。規範からの逸脱は、相手がヨソモノだったら許せる。日本人の男と外国人の女、という組み合わせは、例外性を強める。そのうえ、外国人の大女が、ちびの日本男性に寄りそっている姿は、ユーモラスでさえある。

③

アメリカの広告にあった「のみの夫婦」の例は、白人の男と黒人の女、という組み合わせだ。黒人は、WASP《ワスプ》(White Anglo-Saxon-Protestant プロテスタント信者のアングロサクソン系白人)にとっては、アウトカーストだ。自分と同類だと見なさなければ、自分より大きな動物をペットに連れ歩くのと同じようなことだから、男性の威厳を損なうこともない。

ことほどさように、「男は女より大きい(はずだ)」という規範は、人種を問わず普遍的である。そのためかどうか、日本人にとって、欧米生活の経験は、男と女とではずいぶん違ったものになるようだ。男ならしばしばルサンチマン(怨恨《えんこん》・憎悪・嫉妬《しっと》などの入り混じった感情)をかかえて国粋

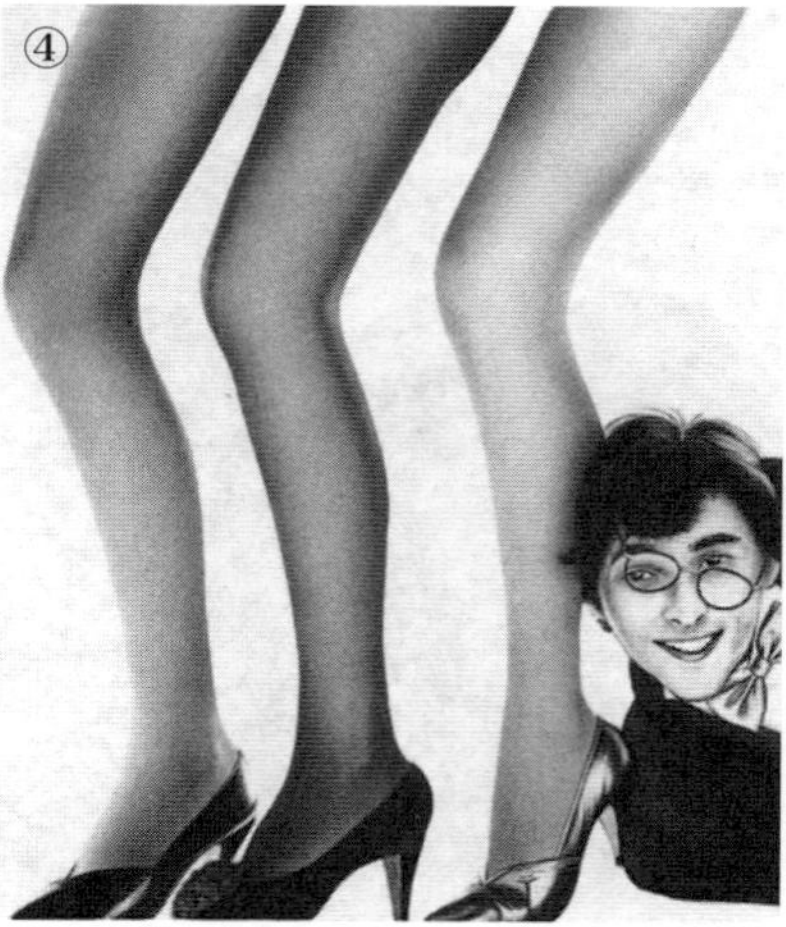

主義者になって帰ってくるのに、女はそうはならない。それは、日本人の体格による、という説がある。

なぜなら、小柄な大和《やまと》なでしこは、それだけでキュートと言われるのに対し、小柄なサムライは、チビゆえに白人女性に相手にしてもらえない劣等感をかみしめなければならないからだ。

現に、パリの人肉嗜食《ししょく》事件で世間を驚かせたサガワ君は、彼が身長コンプレックスに悩んでいたと報道されてから、日本の男性陣の同情を集めたように思える。彼らは、サガワ君の心中を察するにあまりあったに違いない。

男と女の違いを、サイズの大小で表わすだけでなく、位置の上下で示す方法もある。男が立てば女は座り(②)、男が座れば女は寝そべる(③)。男がソファに座り、女は床にじかに腰をおろして、男の膝に寄りそう①――このパターンは、典型的なくつろいだ男女の姿である。

じつは、この項目の冒頭にあげたイラスト①は、世界的な指揮者、大町陽一郎《おおまちよういちろう》さんと妻のインゲボルグさんである。このポーズは、日本男性の自尊心をくすぐらずにはおかない。日本の男も、ガイジンの女性をかしずかせるほど偉くなったのか、と。

種明かしをすれば、これは「世界に通用する」をキャッチフレーズにしている、あるクレジット会社の広告なのである。「世界に通用する」あなたは、もちろんガイジンの女にも「通用」しますよ、というわけだ。モデルになった大町さん自身が、それを自覚しているかどうかは別にして……。

いままでの例からも明らかなように、サイズの大小や位置の上下が表わしているのは、社会的な権力関係である。儀礼的な壁画やアニメでも、偉い人や主人公は、高いところにいて、大きく描かれる。問題は、この権力関係が性関係とぴったり一致しているということだ。

動物の場合、個体同士のメッセージには、地位関係を表わすものと、性関係を表わすものとがあるが、そのあいだには、しばしば相互の転用があることが知られている。たとえば、上位のサルが劣位のサルのおしりの上にチョンとのっかって、おたがいの地位関係を

⑤

確認しあうマウンティングという姿勢は、交尾姿勢からきたものだ。つまり、劣位の個体は、メスの役割を演じているのである。

　これは、日本の社会についても言える。男と女の性関係が、性交体位同様、「男性上位」の権力関係と結びついていることは、説明するまでもないだろう。まれに「女性上位」の例外もあったりするが、その場合も、性的に女に翻弄《ほんろう》されてご満悦の男の姿(もちろん、これも男が夢みるパラダイスのひとつだ)か、そうでなければ、常識の逆をいくことで、見る者の意表をつこうという意図が見え見えのものか、そのいずれかである(④)。

　ここまで見てきた男と女の上下関係は、当然のこととして、子どもたちの世界まで「汚

⑥

染」している。男の子と女の子が登場する組み合わせでは、必ずといっていいほど、男の子のほうが背が高かったり、高い位置にいたり、指導的な役割を果たしたりする⑤。女の子はといえば、将来の花嫁候補として、うっとりしながら男の子に従っている。実際には、思春期までは、女の子のほうが、体力、体格ともに、男の子より発育が早いというのに、だ。

また、性別の違う二卵性双生児の場合も、生まれた順序と関係なく、姉弟としてより兄妹として育てられることが多い。そのほうが、男と女の関係についての社会の「解釈図式」に適合しているからである。

この規範をたしかめるには、古今東西の人物画や肖像画の構図を、片っぱしからあたってみるとおもしろい。あるいは、結婚写真や家族の記念写真の構図をコレクションしてみてもいい。「家族の肖像」は、どれもあきれるほどワンパターンであることに気づくだろう。大柄で、強く、家族のサークルの外側の高い位置にいるオトーサン⑥。ここでもまた、男は強く大きくなければならないのである。絵に描《か》いたような家族とは、このことだ。というよりも、現実の家族のほうが、この規範の鋳型《いがた》に、自分たちのほうを合わせなければならないのである。なぜならば、人間の家族とはそのようなものだ、という規範を私たちが育て上げてきたからなのである。

「♪義理だなんだと並べてみると、女の出てくるすきがない」ほど、男の絆は強いのか

男は強く大きく、女は弱く小さい。だから、男は女に手をさしのべ、手をひろげ、肩を抱き、腰に手をまわして、ナワバリの中に女を囲いこんで守ってやる。いっぽう、ナワバリに囲いこまれた女は、うっとりと男を見つめる。これも男と女、あるいは男と男の地位関係を表わしている(①、②)。

では、ナワバリは何のためにあるのか。ナワバリを維持しているオスにとって、最大の敵は、自分と同種の他のオスにほかならない。男たちがナワバリの中で守っているのは、安全と利益と、そして女である。男たちは女とナワバリを争ったりはしない。異性の個体は、男にとってはたいせつな資源だから、これと争ってナワバリを出ていかれでもしたら、元も子もなくなってしまう。同性同士はライバルになるが、異性はライバルにならない——それが性関係のふしぎなところだ。だから、ナワバリ信号は、ライバルがいるときには、より強く発信される。そして、ナワバリに女を囲いこんだ男は、「外敵からおまえを

守ってやっているんだ」と言うに違いない。

しかし、「私のために七人の敵と闘ってくれて」などと感謝の心を捧げるのは、ちょっと待ってほしい。

外敵とは誰か？　それは、もしかしたら、いまあなたを守っている当の男より、はるかにすばらしいかもしれない別の男のことだ。男は、女を、ただ自分以外の他の男から守っているだけにすぎないのである。ナワバリは、そのためのしくみなのだ。

②

女は、男たちが自分をめぐって争うのを見ても、少しも痛痒《つうよう》を感じないだろう。強いほうの遺伝子を残すのが、生物としての宿命だからである。

太平洋戦争の末期、男たちは「愛する妻や娘を守るために」と言って、南海に散っていった。そして、敗戦が明らかになると、女たちはすべて米兵に強姦されるとおどかされた。自決まで強要された。

古今東西、戦争に性的蹂躙《じゅうりん》はつきものだ。けれど、もしかしたら、女たちは、日本の男たちが滅びたって、痛くもかゆくもなかったのかもしれない。

スペインの侵略者コルテスの愛人だったメキシコのマリンチェに、その典型を見ることができる。彼女は、「売国の女」として現在でもすこぶる評判が悪いようだが、コルテスとのあいだに何人もの子をなして、こう言い放ったという。

「いまに見てごらん。わたしの子どもたちが、この国の民となるのだ」

その言葉どおり、メキシコはメスティソ(スペイン人とメキシコ人との混血)の国となった。女には、もともとマリンチェになれる素質があるのだ。

さて、ナワバリが、男たちを切り離し、敵対させる手段であることがわかった。しかし、ナワバリは、いっぽうでは男たちを連帯させるしかけでもある。自分の女がほかの男と通じたときに、男たちはほとんど例外なく「オレをとるか、アイツをとるか」と、男にではなく、女につめよる。

しかし、これほど人間性の自然に反した問いかけはない。男たちは自分の「欲望の自然」を肯定して、とっくに複数の女たちと、同時に関係を楽しんでいる。女たちは、男たちにこんな野蛮な問いつめをしないほどソフィスティケートされているか、もしくは、問いつめたい気持ちを、男たちに抑えられている。男たちが、こんな反自然的な問いつめをするのは、彼らが、不自然なモラルの中に生きていることを意味している。
つまり、彼らは、同性の男たちに義理だてしているのだ。ナワバリというきまりの中で、男たちは、いったんほかの男のものになった女には手を出さない、というルールを守りあっている。女は、そのルールの中で、男たちのあいだをやりとりされているだけなのだ。男たちは、女との関係よりも、より多く、ほかの男たちとの関係の中に生きているのである。

男のナワバリにはいると、女は男からごほうびをもらうことができる。男が持っている富や名声や権力を、ともに享受することができる。女は、「愛の囚人」となる見返りに、毛皮や宝石を買ってもらうことができるのである(③、④)。

さらに、ゴリラのオスは、群れのメスを、噛《か》んだり、威嚇《いかく》したりしてハーレムを維持するというが(それでもときどき、よそのオスに子どもをさらわれたり、手に手を取って駆け落ちされたりすることがある)、ヒトのオスも、おどしたりすかしたりして、メスをナワバリにとどめようとする。あるジュエリー・メーカーの広告に「ダイヤモンドは愛の手錠」というのがあった。これなど、女がナワバリにはいることの意味を、もののみごとに言い表わしている。

③

④

では、いったんナワバリにはいってしまった女は、商品としての価値がなくなるのかといえば、そうでもない。「貞女は二夫にまみえず」とか、「ほかの男のセコハンに手を出さない」というのは、男たちの陰謀だ。男たちは、ほかの男が手をつけた女には手出しをしないという男同士の仁義を、やせ我慢で守っているにすぎない。

だから、ルールがある以上、当然ルール破りがついてまわる。「一盗二婢」ということばがあるように、よその女房を寝とるのが、性的にもっともスリリングであることを、男たちはよく知っている。

そのいっぽうで、男たちは、ナワバリの中にいれた女が、いかに値打ちがあり、金のかかる女であるかを、ほかの男に対してデモンストレーションする。ナワバリ自体の威信を高めるためである。きょうびの若者たちがガールフレンドを選ぶ基準は、連れて歩いてカッコいい女の子、というものだ。もちろん、ほかの男に対してである。

だから、男は、女と結婚するのではない。ほかの男に対して、結婚するのだ。結婚とは、男が女を分配する方法なのである。

「♪男と女とは同期の桜」になれるか

まえに述べたように、二人の人間が並んでいるとき、ほかにどんな情報が与えられなくても、私たちは、大きさの違いだけで、男か女かを判断する。大きさの違いがはっきりしない場合には、位置関係で男女を決める。たまたま同性のカップルであったなら、私たちは、大きいほう、高いほうが「男役」で、小さくて、低い位置にいるほうが「女役」だと見なすだろう。ことほどさように、性関係の枠組みは強力だ。

ところが、これにも微妙なバリエーションが現われてきた。女のほうが男より高い位置にいるケースが、ひんぱんに現われるようになってきた。逆転の構図は、常識にチャレンジしているから、見る人をドキンとさせて引きつける力を持っている。

たとえば、女の頭の高さが男の位置より高いカップルの写真には、「知的結婚のすすめ」というコピーがついている(①)。それは、従来の結婚がすべて「痴的結婚」だと言わんばかりだ。これはコンピュータを使ったある結婚相談所の広告で、仲人に代わってコンピュータが、合理的に、あなたにふさわしい結婚相手をさがしましょう、というわけだ。年収

①

は？　将来性は？　家族構成は？　ちゃんと冷静に判断なさいましたか？　なるほど一時の激情にのぼせてとびこむ恋愛結婚など、十分に「痴的」ということになるが、おっとどっこい、こんなふうに頭を働かせた、計算高い結婚なら、女たちはとっくのむかしから実践している。

さらに、広告写真の新しい傾向には、カップルに性的二型性がほとんどみられない、というものも現われはじめている。それは、ジーンズやスポーツ・ファッションなど、ユニセックス・ファッション関係に多い。ここでは、男女のあいだに、ファッションのみならず、サイズ、位置関係、姿勢にまでほとんど差が見られない（②）。

ファッションは、人間の社会的行動と密接な関係を持っている。レオタードを着てジャギー

②

を踊る女の子たちは、平気で脚をたかだかと上げるし、スウェットシャツにスウェットパンツ、ジョギングシューズといういでたちの女性は、むかしならお転婆《てんば》と言われかねないふるまいをする。スポーツ・ファッションは、女性のユニセックス化の帰結でもあるし、また、それを促進してもいる。

ファッションの流れは、一貫してインナーがアウターに、カジュアルがフォーマルに置き換わるという法則に従っているが、スポーツ・ファッションのアウター化も、このルールにはっきりのっとっている。

現に、機を見るに敏なデザイナーたちは、スウェット・ファッションを打ちだしている。また、街中では、パジャマ姿と変わらないかっこうの男の子や女の子たちが闊歩《かっぽ》している。だから、いずれスポーツ・ファッションは、神聖な職場にまで侵入しはじめるにちがいない。すでに学校では、トレパン、トレシャツが男女を問わず先生の制服になっており、けじめを重視する父母から、ひんしゅくをかっているくらいである。

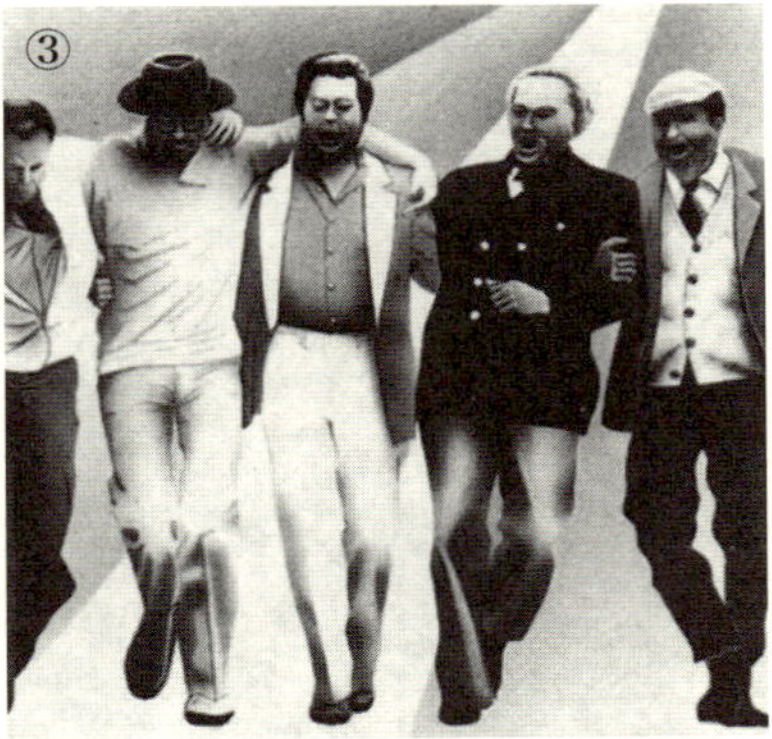

ここまで、男と女の性的二型性が表わす信号について考えてきたが、つぎに同性同士、つまり、仲間、同輩を表わす信号についても考えてみよう。

仲間、同輩の関係というと、私たちは、すぐに男同士のおれ、おまえの関係や、「同期の桜」を思い浮かべる。放歌高吟、肩組み合ってともに涙する、というアレである(③)。事実、これまで仲間関係は、男同士のあいだにしか成り立たないと考えられてきた。いわく「男心は男でなけりゃ」と。しかし、このごろでは、女が男たちのあいだにはいっても、仲間関係が成り立つように変わりつつあるようだ(④)。

たとえば、男性コーラスグループに女性ボーカルがはいるときには、従来はロス・インディオスとシルビアのように、演じるパートやコスチュームのうえでも、女は女っぽくあることを強調するような扱いかたがされてきた。

ところが、サザンオールスターズの桑田《くわた》佳祐《けいすけ》クンと原由子《はらゆうこ》クン(ここはやっぱり、学生調に、はたまた国会調に、ハラ・ユウコクンと呼ばなくてはならないのである)の場合には、サイズや体型、考えかたやライフスタイルに、性的二型性があるとは、少なくともイメージのうえでは考えられない(失礼!)。

もし、彼らに違いがあるとしたら、原由子クンには月経があり、したがって彼女は妊娠でき、桑田クンには「月経がない」ということくらいである。フェミニストの理想どおり、彼らのあいだでは、男と女の違いは、女性が「産む性」であり、男はそうでない、ということだけになっている。

だから、サザンのファンは、原クンに「家庭にこもって彼の弁当を作ります」と言ってほしいとは思っていないだろうし、彼らは結婚後も同じグループで活動を続けることだろう。そして事実、その通りになった。性的二型性や役割分担がなければ、男と女が結婚する理由なんてない、という頑迷な神話に反して、彼らはやっぱり結婚したのだ。

これからの時代は、女性の社会進出がさらに進むから、職場は男だけの聖域ではなくなるだろう。ビジネスの会議や共同作業の中で、女が一人まぎれこむたびに男たちが態度を変えたり、女がいつも女っぽいメッセージを送りつづけたりしたのでは、仕事の能率など上がるはずがない。

そこで、性的メッセージはアフターファイブにとっておいて、男も女も、相手を仲間として扱うしかたを身につけなければ、ビジネスの世界でうまくやっていくことはできないだろう。男女共学の中でいもの子を洗うように育ってきた戦後世代は、それができるはずである。

しかし、女が男に「仲間」並みにひきあげてもらうには、あまりに歴史的なハンデが大きすぎるので、いささか上げ底が必要になる。あいも変わらず、「女のいちばんできのいいのは、男のいちばんできの悪いのと同じ」と信じられている世の中だからである。その逆のハンデは、広告の中では、常識の逆をいくことで、つまり、女のほうがサイズが大きかったり、高い位置にいたりすることで、表現されることだろう。そして、私たちの日常生活でも、女たちはますます頭《ず》を高くしていくのだろうか。これについては、あとの章でもう一度考えてみることにしたい。

2

女が「発情のお知らせ」をするとき

五歳だろうが百歳だろうが、女がみんなぶりっ子をする理由

「つきたての餅《もち》」を「据《す》え膳《ぜん》」すると男が喜ぶから、パンツルックが流行する

女はだれでも性的メッセージを発信している。こう言うと、きっと、「あたしは男に媚《こ》びてなんかいないわよ」とお怒りになる方もいるに違いない。

しかし、そうは言っても、男とは違ったふくらんだ胸、まるい肉づきのいいおしりを持っている以上は、自分のセックス・アピールを否定することはできない。また、女らしさを表わす第二次性徴がいやで、ジーンズのようなユニセックス・ファッションを身に着けてみても、ジーンズがぴっちり食いこんだおしりは、ますますセクシーに見えるというあんばいだ。

では、人間以外の動物の場合はどうか。彼らが交換し合っているメッセージには、性が関与するものと、そうでないものとがある。そして、まえに述べたように、ふつう動物のあいだでは、性的な行動は、発情期にしか現われない。だから、発情期以外には、社会関係にはメスとオスの区別がないと言っていい。

①

たとえば、サルの場合、二匹のサルのあいだにピーナッツを落として、どちらがそれをとるかによって、おたがいの順位を調べる、ピーナッツ・テストというのがある。このとき、ピーナッツをとるのは順位が上のサルであり、メスだからオスにゆずるとか、ましてや、オスザルが、あのメスザルはういやつだからゆずってやる、などという「人間的」要素がはいりこむ余地は、いっさいない。

また、ノーベル賞を受賞したオーストリアの動物行動学者、コンラート・ローレンツの研究で有名なイトヨという魚も、発情期以外には、自分のナワバリにはいってくる個体は、オスであろうがメスであろうが、容赦なく追っ払ってしまう。

ところで、ヒトは「ホモ・エロティクス」(発情人間)と呼ばれることがある。「いつでも、どこでも」発情できるようになったからである。たしかに、ヒトの場合、動物のような年周期での発情期はなくしてしまった。人間の出産を見れば、一年じゅう、一月から十二月まで赤ちゃんが産まれている。動物のように春にまとめて赤ちゃんが産まれるなんてことはない。あなたの誕生日から十カ月を引いたら、おとうさんとおかあさんが、どの季節に「発情」したかがわかるというものだ。人間がいかにのべつまくなしに発情する生き物であるかがわかるだろう。月経という月周期の「発情」はまだ残っているが、それすらも微弱なものである。なにしろ、月のもののさいちゅうさえやれるくらいなのだから。

つまり、ヒトは動物と違って、発情期に関係なく、男と女はいつでも違う行動をとる。誰しもよく経験することだが、男だけの集まりに突然、女が参加したりすると、その場の雰囲気はがらっと変わってしまう。それまで「女なんてなんだ！」と息まいていた男が、ころっと態度を変えてしまうことさえある。男は、同性に対するときと、女に対するときとでは、基本的に態度が違うのである。

ありていに言ってしまえば、実際に「やらない」相手とでも(男だってそう相手かまわずに「やりたい」わけではない)性的信号を交信しあうのが、ヒトという動物の特徴なのだ。

しかも、この男と女の関係は、成熟した生殖可能な年齢にある個体にかぎったことではない。オンナ以前とオンナ以後、つまり幼女と老婆もまた、「女らしさ」を要求される。幼女だが、生殖機能に直接結びつかない性的メッセージは、しばしばグロテスクである。幼女のブラジャーつきのビキニ姿と、バアさんの厚化粧の、わいせつさとこっけいさを思い起こしてほしい。

大脳生理学者の千葉康則《ちばやすのり》さんは、こんなことを言っている。母としての行動は、子どもが発信するメッセージに応じて引き起こされるもので、子どもがいないところでも「母らしく」ふるまう動物は、人間以外にいない。だから、人間にとって「母性」とは、行動のことではなく役割なのだ、と。

発情に関係なく要求される「女らしさ」も、これと同じことが言える。「女らしさ」とは、行動ではなく役割を指している。だから、女は「女らしさ」を表わすために「いつでも、どこでも」性的メッセージを送りつづけなければならないのである。まさに「三つ子の魂、百まで」だし、「すずめ百まで踊り忘れず」なのである。また、逆に男は、女を見さえすれば、そこに性的メッセージがあることを期待するのだ。

そこで、女たちが送る性的メッセージには、どのようなものがあるのかを、以下で考えていくことにしよう。

まず単刀直入(よく考えると、このことばはかなり意味深である。よく考えなくてもそうだが)、そのものずばりの性的メッセージからいってみよう。それは、なんといっても発情した女性器をオスの目の前に見せることだ(何をあたりまえのことを、などと思わないでいただきたい。まだ先があるのだから)。これはヒトにかぎらず、高等動物に共通して言えることだ。

おなじみニホンザルの場合はこうだ。発情期を迎えたメスは、赤く充血して「つきたての餅《もち》のように柔らかくなった」(と、動物学者はよく表現する。漫画家の谷岡ヤスジふうに言えば「ウッマソー!」ということになる。なにしろ食欲と性欲は通底しているのだから)性器を、オスの前にちょんとさし出す。「よろしかったら、どうぞご自由に」というわけだ。これをプレゼンティングという。人間の世界では、「据《す》え膳《ぜん》」と呼んでいる。オスは、発情性器にたちまち反応して、いつでもお役に「立つ」状態になる。

②

このことからもわかるように、サルの世界では、準備完了して、性交の時と相手を選ぶのは、いつでもメスのほうである。だからサルの社会では、その気になっていないメスをむりやり犯す、強姦のような野蛮な行為は、けっして起こらない。誰が「獣欲」などということばを作ったのかは知らないが、動物たちからすれば、人間のほうこそ獣欲の持ち主ではないか、ということになる。

では、ヒトの場合はどうか。ごぞんじのように、女性器は男性器と違って、からだに内蔵されているため、ふつうは外からディテールをうかがい知ることはできない。そこで、女性器をプレゼンティングしようとすれば、いきお

③

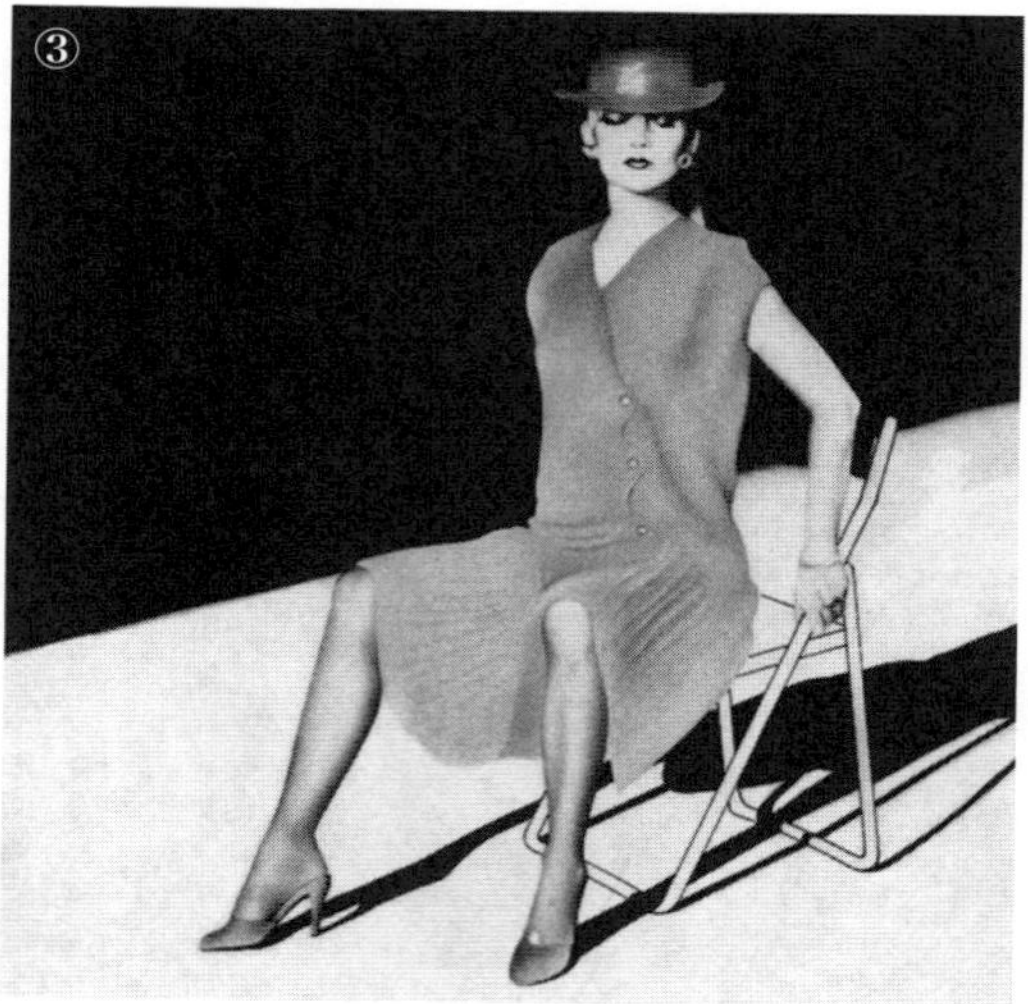

いビニ本モデルのように、アクロバティックで、不自然なポーズをとらなければならなくなる(①)。ストリッパーの逆Vの字で御開帳というポーズも同じことだ。あれもオーバーに言えば、人類のからだの進化の所産なのである。

しかし、この格好は、女の子なら誰でもが、おかあさんやおばあちゃんから、お行儀が悪いといってたしなめられてきた「大股おっぴろげ」スタイルだ。日常生活の中では、そうそうとれるスタイルではない(②)。

そこで登場するのが、流行のビッグファッションとパンツルックである(③、④)。ファッション写真に現

④

われるモデルたちは、脚をひろげたり、あぐらをかいたりして、女性たちに「大股おっぴろげ」スタイルをすすめる。事実、パンツルックとビッグファッションの流行以来、女の子たちは、ずいぶんと行儀が悪くなったようだ。いまでは電車やバスの中で、膝がしらをきちんとつけて座っているのは、「元」お嬢さんだけになってしまった。

たしかに、膝がしらがついているか離れているか、いちいち気にしなくていいファッションは、女性をのびのびと開放的にさせる(男にはわからないかもしれないが、膝がしらをつけておくのは、あれでけっこう疲れるのだ)。

しかし、ビッグファッションなら男たちの視線を気にせずにすむ、と考えるのはちと早計だ。このての「大股おっぴろげ」スタイルは、性的挑発とスレスレのところにあるからだ。なにしろ、スカートという一枚の垂れ幕をぺろりとめくると、そこには「奥の院」がましましているではないか。

一枚の垂れ幕は、かえって男たちの性的想像力をかきたてる。見えるか見えないかのすけすけパンティをはいた日本のビニ本ポルノのほうが、あっけらかんとした欧米のハードコア・ポルノより、もっとわいせつなのはそのためである。

また、よくミニスカートの女性が、駅の階段を上がるときにハンドバッグでうしろを隠したり、椅子に座るときに、すそを引っぱったりする姿に、なんとなくいやらしさを感じたりすることがあるのも、同じことだろう。

「♪あなたが欲しいなら、私ナニをさせてもいいわ」と、女は言いたいのだ

いくら女性器のプレゼンテーションが、強烈な性的メッセージになるからといって、そのものずばりに御開帳するというのも、あまり上品な話ではない（実際は、あまりどころの話ではないが）。ましてや、人間の社会生活の中では、男を誘うためにいちいちパンツをおろしているわけにもいかない。そんなことをしたら、それこそ「ほとんど病気」だと思われちゃうもんね。もう少し、おだやかにやらなくては。そこで唇が登場する。

ところで、あなたはヒト以外の動物にも唇があると思うだろうか。たしかに、サルやイヌにも唇とおぼしき部分はある。しかし、人間のように、はっきりくっきり、かなりの厚みのある唇を持つ動物はいない。

そもそも唇は、口のまわりの表皮と粘膜との連結部に、粘膜がめくれ上がってできたものである。動物の顔と比べてみるといい。ほとんどの動物は、表皮が直接陥没して口腔《こうこう》につながっており、唇のような中途はんぱな部分がない。

①

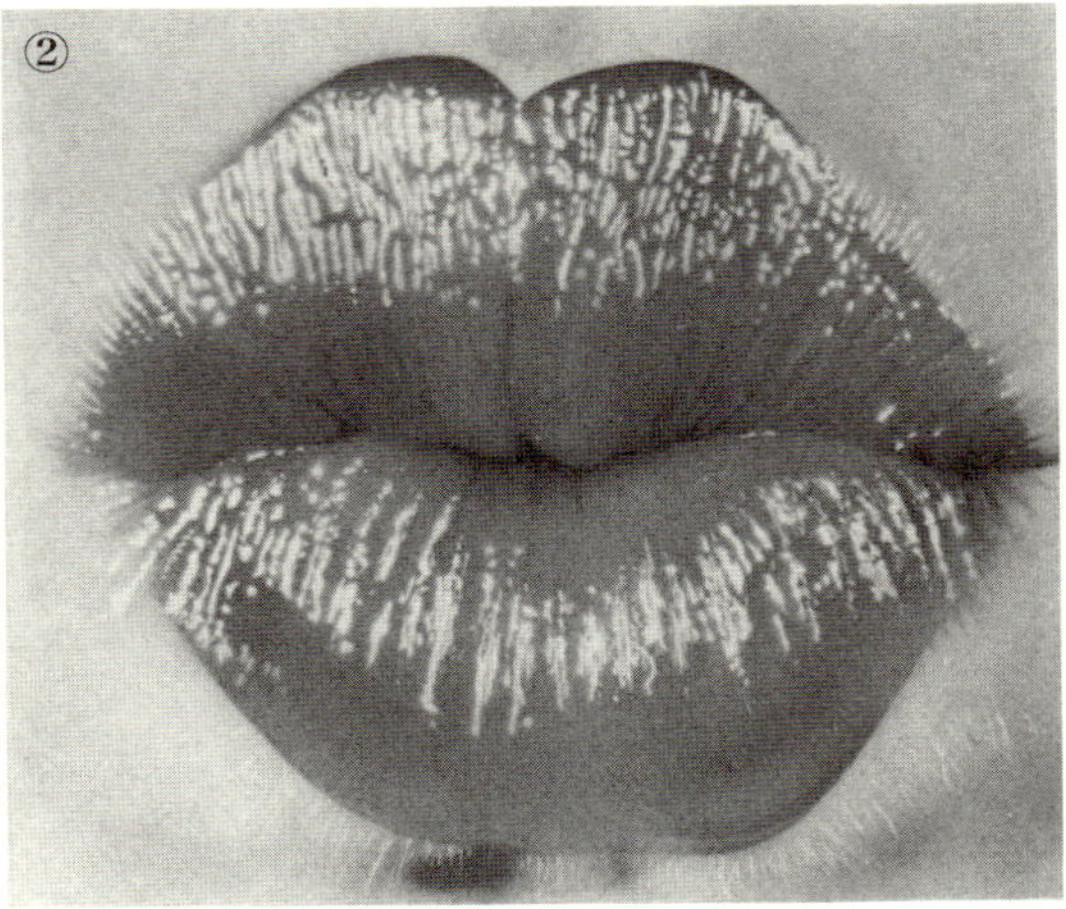

この表皮と粘膜との移行部分は、唇にかぎらず、人体でもっとも敏感な部分である。では、なぜこのような妙なものができたのか。少なくとも「食べる」という本来の目的には、唇はあってもなくても関係がない。この問題は、長いこと進化史上の謎とされてきた。

現在、もっとも支持されている説はこうだ。唇は、ふつうの状態では見えないヒトのメスの性器の代わりに、顔の前面に現われた性器のコピーである、と。なにしろ、女性器を「下の唇」というくらいだから、あながちこの説がうがちすぎとは言えないだろう。

上の大写しになった唇のイラストをごらんいただきたい(②)。軟体動物のようにぬめぬめと動き出しそうなさまが、唇が「上の性器」にほかならないことを、如実に物語っているではないか。

このほかにも、唇のメッセージは、男らしさ、女らしさ、あるいは極端な場合には、人格にまでたちいたったアピールとして受けとられることすらある。たとえば、唇の薄い女は、それだけで性格がきついとか、冷感症ではないかとあらぬ疑いをかけられたり、逆に唇の厚い男は、どことなくわいせつで女性的な印象を与える。唇の厚さ、薄さなんてものは、まさに「親の因果が……」の類いで、別に本人の品行や性向のせいではないというのに、だ。

ここまでの話で、唇が女性器のコピーなら、どうして男にも唇があるのか、と疑問に思われた方もいるに違いない。でも、答えは簡単。それは、あなたの大好きなキスを楽しむためなのである。

こんなことを言うと、「ほらまた得意の深読みがはじまった」と思われるかもしれないが、話は聞いてのお楽しみ。

誰でも唇が性感帯の一つであることは知っているはずだ。ならば、こんなに敏感で感じやすい性感帯を、女性だけが独占するのは、男に申しわけないというものだ。それこそ差別というものである。

乳首についても同じことが言える。ご存じのように、乳首も重要な性感帯のひとつだ。ところが、ミルクタンクの機能を、まったく果たさない男性にも、退化した干しブドウが残っているではないか。

さらには、耳たぶにいたっては、こんな説もあるくらいだ。いわく、人間に耳たぶが残ったのは、おとなが乳首のかわりにしゃぶるためだ、と。

ここで、私たちは重要な示唆を受ける。これらの器官は、ほかならぬ相手のために残ったのだ、ということを。

あなたは、自分の耳たぶをしゃぶれるだろうか。七福神の一人、大黒様のような大きな福耳ならいざ知らず、ふつうはできるわけがない。つまり、このことからもわかるように、人間のからだには、自分のためではなくて、性的パートナーのために残った部分があるということだ。

たとえば性毛がそうだ。男性の性毛は、女性の性毛と違って、性器を隠す役には立っていない。腋毛《わきげ》のように、自分のからだの摩擦を緩和する役に立っているわけでもない。それなら、進化の過程でヒトの全身の体毛が退化していったのに、妙なところに性毛が残ったのはなぜか。

からだを、いつも自己完結したものと考える必要はない。からだもまた、対人的なコミュニケーションの場に置かれている。性毛は、対面位のときの、おたがいの摩擦を緩和するために残ったのである。

百万人の聖娼婦、山口百恵ちゃん(あの農協青年部ふう、三浦友和さんのものになってしまった百恵ちゃんは、もはや聖娼婦ではありえないが)というと、すぐに唇をうっすら半開きにした表情を思い浮かべる人も多いだろう(1)。かつてのセックス・シンボル、マリリン・モンローも同じ表情をしていた。最近では松田聖子ちゃんの表情が、モモエ二代目である。

唇半開きは、しまりのない痴呆《ちほう》性の現われか、それとも忘我のエクスタシーの表情なのか。

ずばり言ってしまうと、半開きの唇は、受け入れ準備完了の、発情した女性器をコピーしているのである。彼女たちは、「いつでもOKよ、お待ちしてます」という性的メッセージを発信しているのだ。これが男心をそそらぬわけがない。

歴戦の恋の強者《つわもの》、女よりも女らしいゲイボーイの美輪《みわ》明宏《あきひろ》さんは、「一言で言って色気とは?」と問われて、

「そうね、相手に口説けばオチルと思わせることかしら」

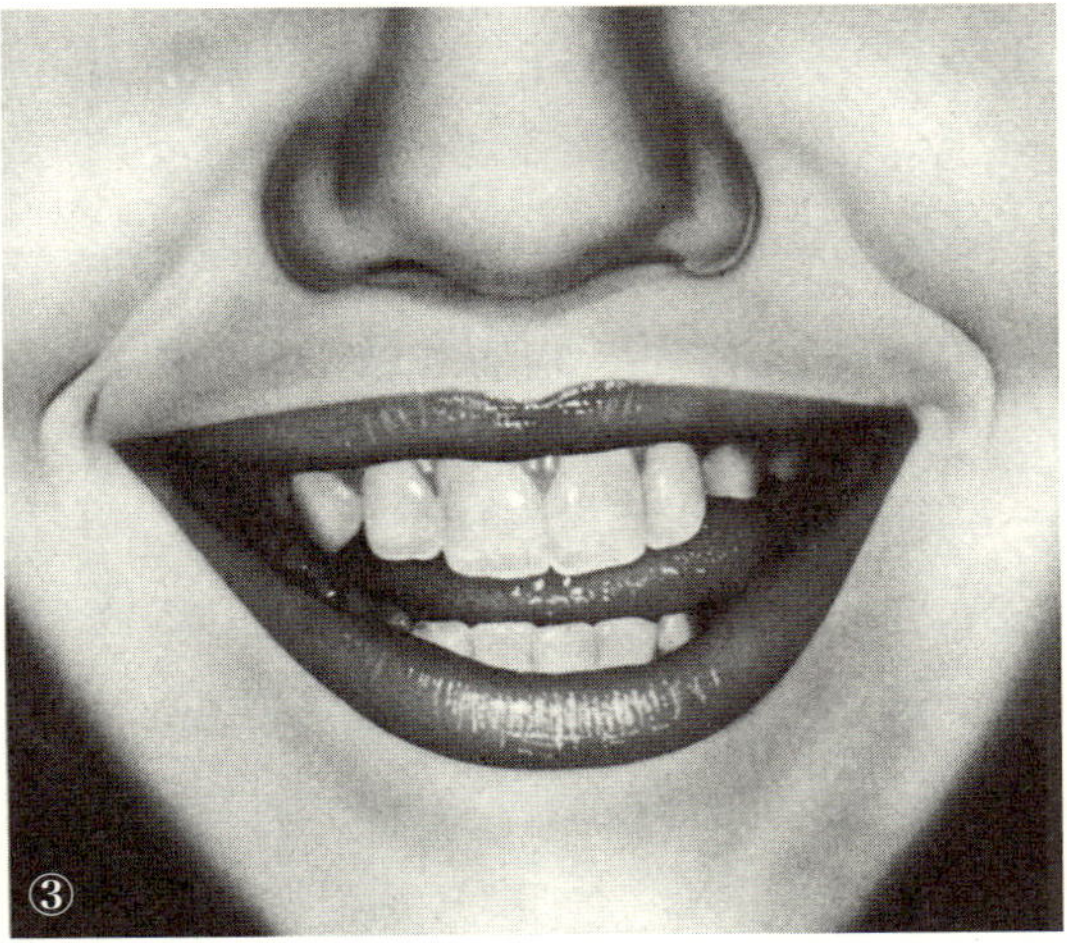

と名答を与えている。要するに男にとって「いい女」とは、「やらせてくれる女」のことだ。その意味で、手間ひまかけるまえに、「その気になっている」女ほど、つごうのいいものはない。半開きの唇は、「その気」を、言わず語らず、伝えているというわけだ。
たとえば、なにか物をくわえたりしている女のポーズは、それがいくら洗練されていたとしても、そこにはかならず性的な意味あいが隠されている（④）。さらに、唇が食べ物や清涼飲料水のビンなどをくわえたりすると、性的メッセージはもっと露骨になる。
では、半開きの唇から舌がのぞいたりするポーズはどうか（③）。女性器の中でうごめく肉の棒——これはもう、説明するまでもなく、わいせつで性的な光景そのものだ。舌をぺろりと出すのがくせの女の子は、じつは、期せずして大胆な性的メッセージを男性に送ってるのかもしれない。そして、舌なめずりをしている女を見て、男たちは「おいしそー」と舌なめずりする、というわけだ。無邪気そうな不二家のペコちゃん人形だって、知れたものではありませんぞ。

なぜ、女は化粧をするのか。もちろん、セックス・アピールのためだ。現に、この本を書いている私も、若干の化粧をし、口紅をつけている。それは、私がいまだ発情期の終わりかけにいることを、悲しくも自覚しているからである。

では、女はなぜ口紅をつけるのか。唇には、厚いのも薄いのもあるが、私たちは、唇がぽってりと厚い女性をセクシーだと言う。そのうえ、女たちは唇をまっ赤に塗りたくる。女が口紅をつけるのは、まっ赤に充血して腫《は》れあがった発情性器を模倣するためなのである。

ところで、口紅がスティック型をしているのはなぜだろうか。むかしの人は、小さな皿に紅を溶いて小指で口紅をつけた。いまでもパレット型の口紅は、繰り返し発売される。しかし、私は、リップスティックは、コスメティック史上画期的な発明であり、これからもすたれることはあるまい、と考えている。

というのは、スティック型の口紅は、たんに使いやすいだけではなく、ある象徴性を帯びているからだ。口紅は、スティックでなければならない⑤。

なぜなら、唇が女性器のコピーであるのに対して、リップスティックは男性器のコピーだからである。口紅をつける女たちは、いつも陶然としている。女たちは、口紅に犯され

④

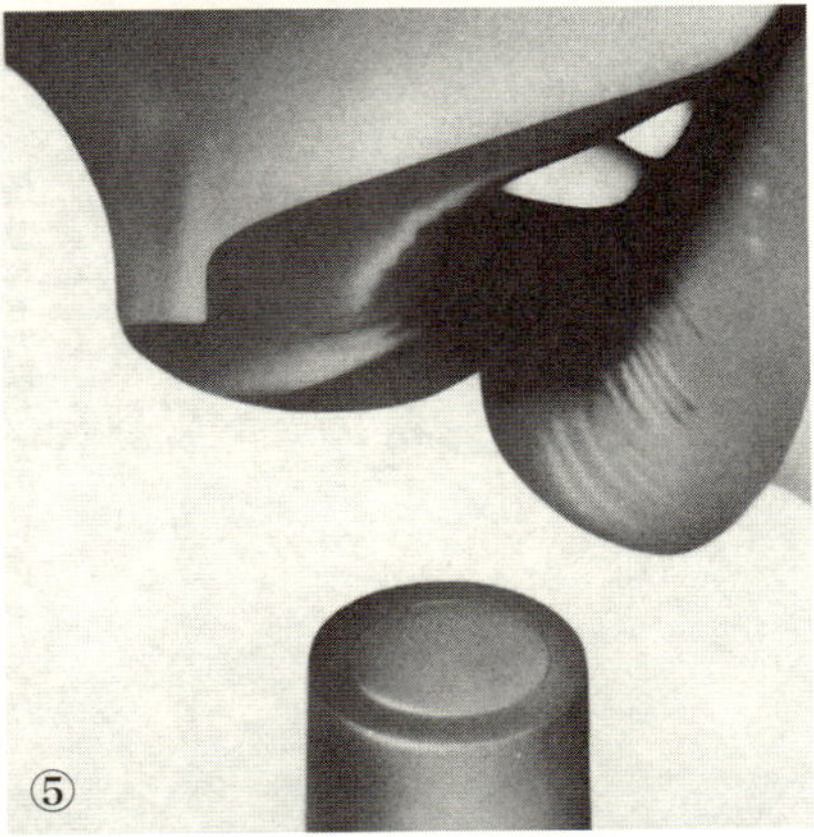
⑤

る、秘密の愉《たの》しみを持っているのだ。マーゴ・ヘミングウェーが主演したアメリカのレイプ映画のタイトルが、「リップスティック」だったのは、いかにも暗示的だ。

かつて、ウーマン・リブの女性たちが、女が化粧することを、男に対する媚《こ》びだといって攻撃したことがある。では、女が解放された社会では、女たちは化粧をやめてしまうのだろうか。それとも、男も化粧をするようになるのだろうか。性的メッセージは、なにも女ばかりが送っているわけではないから、男が化粧をしたところで、なんのふしぎはないかもしれない。

私は後者だと思っている。というのは、人類創世以来、人間が身を飾ることをやめた社会はどこにもなく、それどころか、粧《よそお》うことは、むしろ男の特権だったからである。女が男と対等になれば、男たちも競って化粧をするようになるだろう。

事実、女が男を養っているニューギニアのある部族では、女たちが寄り集まって男の品定めをするときの「いい男」の条件は、何といっても「気だてがよくて器量よし」だということだ。

だから、べつだんゲイボーイでなくても、男たちは化粧をしたり、アクセサリーを身につけたりするようになるだろう。その兆候はすでに現われている。

では、そのときになったら、男たちは、口紅もつけるようになるのだろうか。私はそうは思わない。男性器と女性器の形状が違う以上、唇の持つ意味は、女性と男性とでは違うからである。あなたも唇のぶあつい男に対して、セクシーね、とは言わないはずだ。

男性にとって、顔の前面にコピーされた男性器とは何か。ふた股に割れたあごが、ちょうどふぐりのラインをコピーしているから、セクシーだ、という説がある。たしかに、そのつもりになって観察してみると、ヨーロッパ系の色男には、ふた股あごの持ち主が多いようだ。

しかし、そのものズバリの男性器のコピーはといえば、何といっても、巷間《こうかん》伝えられるように鼻だろう。大きな、脂《あぶら》ぎった鼻は、それだけで性欲の強さを感じさせる。女護《にょご》が島《しま》にわたった男は、代用品に使われて、鼻がすりへったというくらいだ。だから、もし、女が強くなって、男たちも女に媚びを売らなければならなくなる時代がやってきたら、男たちの鼻の整形手術がはやるかもしれない。

私は、女性が男性の、男性が女性の気を引くべく、涙ぐましい努力をすることを、せつなくもいじらしいことだと考えている。「相手に媚びる」のが悪いとは思わない。男も女も、おたがいに相手に媚びあいっこをすればよいのだ。要は、どちらかが一方的に媚びざるをえない状況が問題なのだ。その意味で、身なりをかまわないバンカラ男性が「男らしい」なんてことはない。こんな輩《やから》の頭には、鈍感と傲慢《ごうまん》という文字がぎっしりとつまっているだけなのである。

話をもとに戻そう。いくら鼻が男性器のコピーとはいえ、親にもらった鼻までは、そうそう簡単に直すわけにもいかない。そこで、身につけるもので男性器の象徴を表わそうとすれば、ネクタイということになる。男たちが入念に選んださまざまな太さ、色、柄のネクタイ。これがとりどりの男性器の誇示だと思ったら、通勤電車のサラリーマンをながめながら、私は気分が悪くなったことがある。こういうのを、フロイトもまっ青の「深読み」と言うのだろうか。

自分のからだを見て、おしりと乳房が似ていると思ったことはありませんか

ここまでの話で、人間のからだには、性的メッセージを発信するさまざまな「かたち」が備わっていることがおわかりいただけたと思う。続いて、ここでは、かたちの中でもとくに重要なメッセージを持つおしりと胸について考えてみよう。

よく古代の遺跡から、グロテスクなほどおしりと胸を強調した、「ヴィーナス」と呼ばれる土偶《どぐう》が発掘されることがある(①)。現代人からすれば、なぜ古代の人はかくもふしぎな格好のものを作ったのかと、首をかしげる向きも多いようだが、現在でも、ホッテントットの女性は、みごとに発達したおしりと胸を持っている(②)。このことからすれば、土偶の姿も、あながちデフォルメやイマジネーションだけとは言えないだろう。

このおしりと胸、という二組の半球形の対《つい》は、かたちを比較してみると、きわめて似かよっていることがわかる。七二ページのイラスト(③)を見ていただきたい。ビキニ姿の女性の、割れめも露《あら》わなおしりと、谷間のくっきりした乳房である。どちらがどちらだかお

①

わかりになるだろうか。正解は上が乳房なのである。

大きなおしりと豊かな胸。この女性だけに見られる第二次性徴は、人間の進化の過程でどのように発達してきたのだろうか。

人類進化について、少し考えてみよう。

ご存じのように、哺乳類の中で、乳房を一対しか持たないのは、サル類と人間だけである(よく女性週刊誌などで「私には乳房が三つある」などというヤクタイもない話が報道されるが、人間の生物学的特徴としては、あくまでも一対がノーマルだ)。これに対して、イヌは四対、ブタにいたっては、六対も持っている。なぜ人間の乳房は一対なのか。

もちろん、一回に産む子どもの数が少ないから、イヌやブタ並みには要らないということもある。しかし、あって困るというものでもないだろう(もしたくさんあれば、おとうちゃんと子どもをいっしょに満足させることができるかもしれないし……)。そこで、人間に乳房が一対だけ残り、あとの何対かが退化した理由を考えなくてはならない。

人間とサル類は、進化の過程で四足歩行の状態から上体を起こすように変わっていった。

これは誰でも知っていることだろう。すると、それまで四足歩行の状態では見えなかったからだの前面、つまり腹側が、相手に見えるようになった。と同時に、幸か不幸か、四足歩行のときにはおしりの割れめのあいだから見えた女性器が、隠れるようになってしまった。

四足歩行の動物の場合、おしりがセックス・アピールを持つ理由は、もちろんそこが性器をディスプレイする場所だからである。しかし、二本足で立ち上がった人間にとって、おしりはかつてほどの性的アピールを持つ場所ではなくなってしまった。そこで、おしりに代わる性的シンボルが必要となる。それが一対の乳房である。

ここで、まえのところで唇は顔の前面に現われた女性器のコピーだ、と述べたことを思

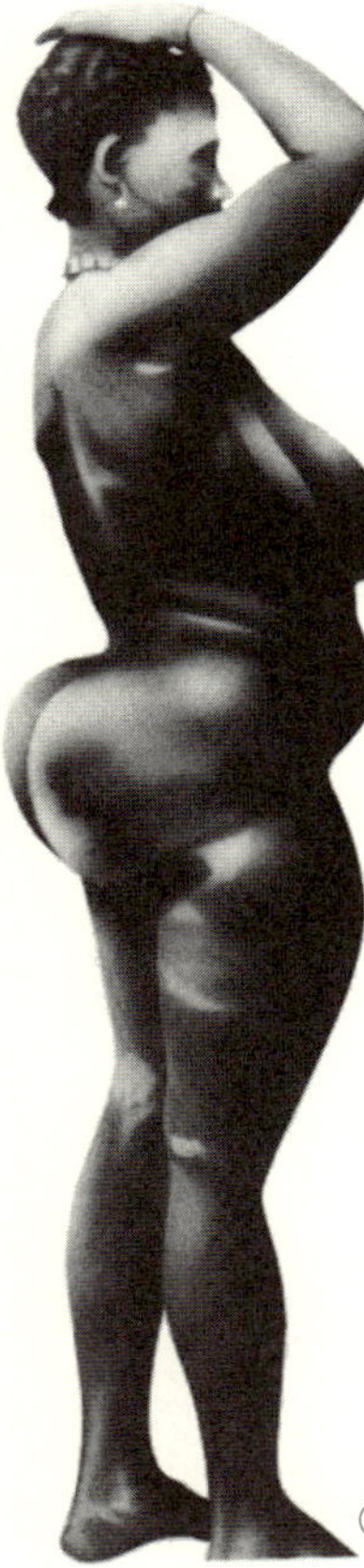

②

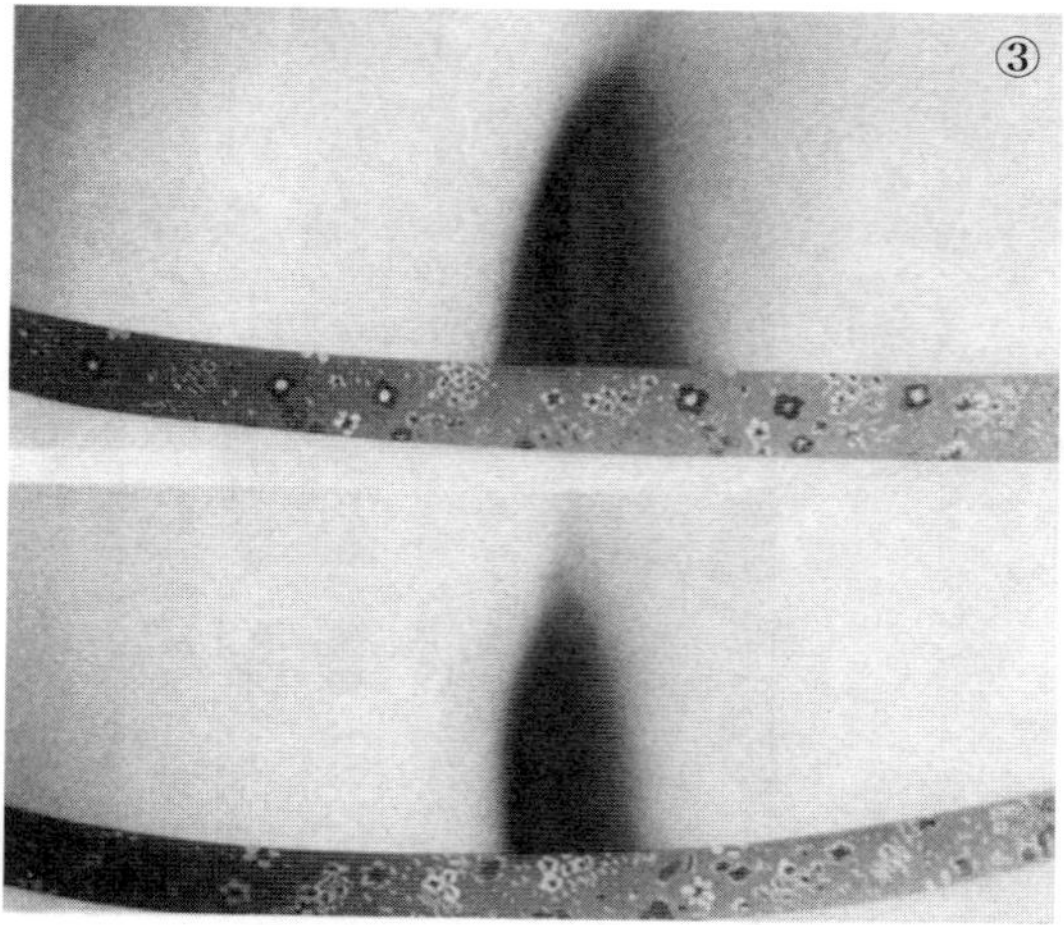

い浮かべていただきたい。乳房とおしりの関係も、これと同じ理屈である。乳房は、からだの前面に現われたおしりのコピーなのである。

次ページのイラスト(④)を見てみよう。ゲラダヒヒのメスである。彼女は、人間と同じように胸に一対《つい》の乳房を持っている。この乳房は、発情期を迎えると赤くふくらみ、さながらおしりとそのあいだにある充血した性器のように見える。しかも、ご念のいったことに胸の部分だけ体毛がなくなって、ことさら目につくようになっている。オスがこれを見て興奮することは、言うまでもない。

このことからもわかるように、からだの一部が性器をコピーするという造化の

④

妙は、そう奇想天外な思いつきではないのだ。

ここまでの話で、おしりや乳房という一対の半球形は、強力な性的メッセージの発信源となることがわかった。

それが証拠に、ユニセックス人間の極をいく人造人間《アンドロイド》やロボットでさえ、性別を表わす信号として、胸に半球状の突起をつけたりする。

イギリスの動物行動学者、デズモンド・モリスは、これを「半球状のメッセージ」と呼んだ。

また、次ページ上のイラスト⑤のように、乳房を露わにしないまでも、ひざ小僧を二つ、ちょ

⑤

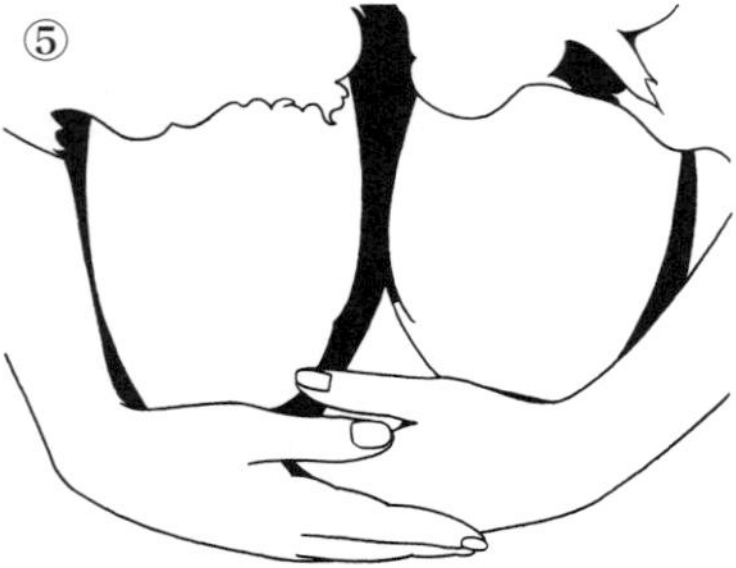

⑥

こんと並べて座っただけの女の子がセクシーに見えるのも、それが乳房やおしりを連想させるからである。むかしから女性がひざ小僧をむき出しにしたりすると、下品だとか、はしたない、などと言われたのも、そのせいだろう。

うしろ向きになると、性格はネクラになるが、女はセクシーに見える

いままで、からだの「かたち」にかかわる性的なメッセージについて述べてきたが、これにはおのずと限界がある。

たとえば、顔をさらして歩いているだけで、唇で男たちに誘いかけていることになれば、マスクでもかけて歩かなければならなくなる。また、乳房が大きいだけで、男に媚びているなどと言われたのでは、たまったものではない。

しかし、まえにもちょっと触れたが、性的メッセージを送るしくみには、解剖学的なかたちのほかに、生態、つまり行動におけるしぐさも大きな役割を果たしているので、心配することはない。

このかたちとしぐさの二つを比較してみると、かたちのほうは、遺伝情報で決められているので、そうそう自分の思いどおりにはいかない。もっとも、なかには美容整形の力を借りて、遺伝法則の押しつけにはかなくも抵抗している人もいるにはいるが……。

①

これに対して、しぐさのほうは、その気になりさえすれば、状況に合わせて選んだり、変えたり、はたまた学習したりすることもできる。人間の性的メッセージでほんとうにおもしろいのは、こちらのほうなのである。そして、行動学は、動物や人間の行動に現われる性的メッセージについての研究を、さまざまに発展させてきている。

この観点から、私たちが日ごろ、何気なく見すごしている人間のしぐさのあれこれについて考えてみると、いままでにはない新たな発見ができようというものだ。

たとえば、動物進化の過程で、

おしりが強烈な性的メッセージの発信源になったことはまえにも述べたが、これも、ただたんに性器がそこにあるというだけではなく、交尾が後背位というしぐさで行なわれたことを意味している(①)。また、初期の人類も、後背位で性交を行なっただろうといわれている。

だから、四つんばいになっておしりを見せるという姿勢は、たんに性器のディスプレイにとどまらず、性交体位そのものを表わしている。ビニ本やピンナップ・ヌードの写真には、このパターンがくりかえし登場する。つまり、かたちのうえでは、性器を露出するスタイルをとり、しぐさのうえでは即、性交体位になるポーズである(②)。できれば、モデルはひとりで写っているほうがよい。見ている男がその上に自分のからだを重ね合わせれば、たちまち一丁あがりとなるからである。

③

ところで、はじめて性交ラーゲ(体位)四十八手を図解入りで著わしてベストセラーになったのは、約二十年もまえの謝国権《しゃこくけん》著『性生活の知恵』である。お世話になった方も少なくないはずだ。昨今のビニ本モデルのポーズも、この本に出てくる四十八手をあきもせずにくりかえしている。まさに謝国権センセイ様々である。このかたちとは区別された性交姿勢のしぐさを、ここでは性的インビテーション(誘いかけ)と呼ぶことにしよう。

さて、オナペット用のモデルが、「すぐにやれますよ」式のインビテーションの姿勢をとっているのはあたりまえだが(なにしろ、お客はそのためにこそ高い金を払うのだから)、あたりを見渡してみると、広告写真もまた、さながら性交ラーゲ集の観を呈していることに気づくはずだ。

前ページのイラストを見てみよう(③)。一見、何の変哲もないジーンズの広告だが、これにも性的メッセージが隠されている。

これを見て、私たちはセクシーさにどきりとする。ところが、それがモデルのとっている姿勢のせいだとは気がつかない。女のポーズを見れば、ラーゲそこのけだということは

④

一目瞭然だというのに、だ。「まさか」「そんな」と考えて、印象のよってきたるところを追求しようとはせずに、かえって抑圧してしまう。

なにしろ、満員電車の中で、寝ぼけまなこをこすりながら見ている吊り広告のモデルが、きのうの夜、押し入れから引っぱり出して見ていたビニ本と同じポーズで自分を誘っているなんて、考えただけでズボンの中がキンキンしてきちゃうもんね。

さらに、女は誘いかけるような、はたまた性的エクスタシーを暗示するようなしぐさで男たちを誘う(④〜⑥)。交尾中のメスザルは、オスザルが、十数回も射精した挙句《あげく》に、最後のクライマックスを迎えると、後ろをふり返ってオスザルを見上げ、世にも哀切な声を上げる、という。うしろ向きの女がからだをねじって、顔だけふり向いているポーズなどは、さながらサルのクライマックスのように思えてならない。そういえば、切手の図案にもなっているが、日本の美人画にも、「見返り美人」というのがあったっけ。

「セクシー」とは、「男の目」から見て、ということである

性的インビテーションの話を続けよう。まえのところで述べたのは、バックからのインビテーションだとすれば、つぎは、当然フロントということになる。つまり、早い話、性交ラーゲには、後背位と対面位、すなわち「うしろから」と「前から」の二種類しかないということだ。なかには、「横から」なんてのもあるらしいが、これはバリエーションにすぎない。いずれにしても、解剖学的にはそうたいしてパターンがあるわけではないのだ（ときどき、「うしろから前からどうぞ」なんてのもあるにはあるが）。

そこで、女たちは、フロントからの性的インビテーションのために、床やソファやベッドの上に横たわる（①～⑤）。そして、男たちに「準備完了」の信号を送る。もう少し手がこんでくると、女はテーブルの上に横たわったりする（②）。これはもちろん、食べものを暗示している。男は、まな板の鯉ならぬテーブルの女を、いいように料理するというわけだ。これなどは、ちょっと考えなければわからないようにできているが、じつはたいして考えなくても、種明かしは見えているのである。

このように、広告写真の中には、性的メッセージが氾濫《はんらん》している。それは、隠されているというより、かえって慣れっこのあまり、私たちは不感症になっているくらいだ。なぜなのか。

ご存じのように、広告の目的は、私たちの商品に対する欲望を引き起こすことにある。しかも、その欲望は、待ったなしの、有無を言わせぬものでなくてはならない。

そのためには、対象商品を被写体にするだけで十分だろうか。もしそれが、誰もがほしがっていて、しかもどんなものか十分に受け手にわかっている商品なら、商品広告だけで十分だろう。女たちは、ダイヤモンドの広告にうっとりと胸をときめかすだろうし、男たちは、生ビールの広告に「チクショー、一杯やりてえな」と思うだろう。

しかし、まだそれがどんなものか、消費者に知れわたっていない新製品や、どのみち競合商品とたいして違わない商品の場合には、広告の訴える力を、何かで強化してやらなければならない。

そこで登場するのが、性的メッセージである。人間の二大欲望は、食欲と性欲だが、この両者を比較すると、食欲は、味覚や嗅覚といった「近感覚」により強く依存しており、広告のような視覚的メッセージには適していない。しかも、食欲に訴えるメッセージは、受け手の空腹度に左右されてしまう。

これに対して、いつでもどこでも、充足度にかかわらずに引き起こすことのできる欲望――それが性欲だ。魅力的な女の「据《す》え膳《ぜん》」を前にして、「ボク、いまおなかいっぱいだから」と断わる男性は、まずいないはずだ。

「いつでもどこでもやれる」ようになったことが、人類進化のきわだった特徴だ。一年じゅう、ときを選ばず発情しつづける、こんなわいせつな動物はほかにない。ある人は、人類のことをホモ・サピエンス(知的人間)と呼ばずに、ホモ・エロティクス(すけべ人間)と呼んだくらいだ。私なら、ホモ・エレクトゥス(直立人間)を「ボッキ人間」と呼びたいところだ。

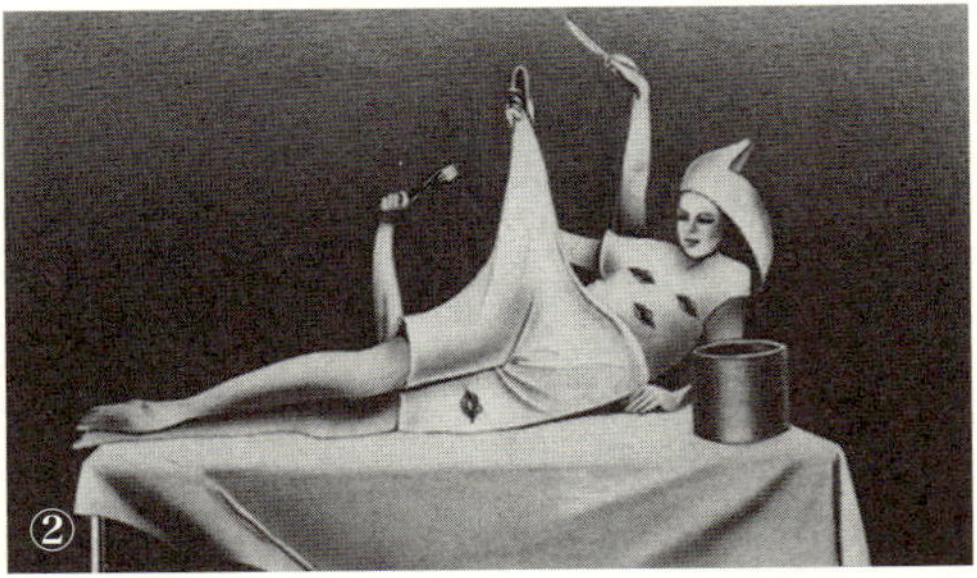
②

③

④

そのうえ、欲望は、重なりあっておたがいを強化しあう。食欲と性欲が通底しあっていることはよく知られている。性的刺激が脳下垂体に達すると、男では唾液腺が、女では涙腺が刺激される。だから、性的に興奮すると、ビートたけしふうに言えば、男は、「ゴックン！」と生つばを飲み、女は、うっとりと眼をうるませる、というわけだ。

また、性欲を表わすことばが、食欲に関する表現の転用である例も、さまざまな民族で報告されている。英語には、

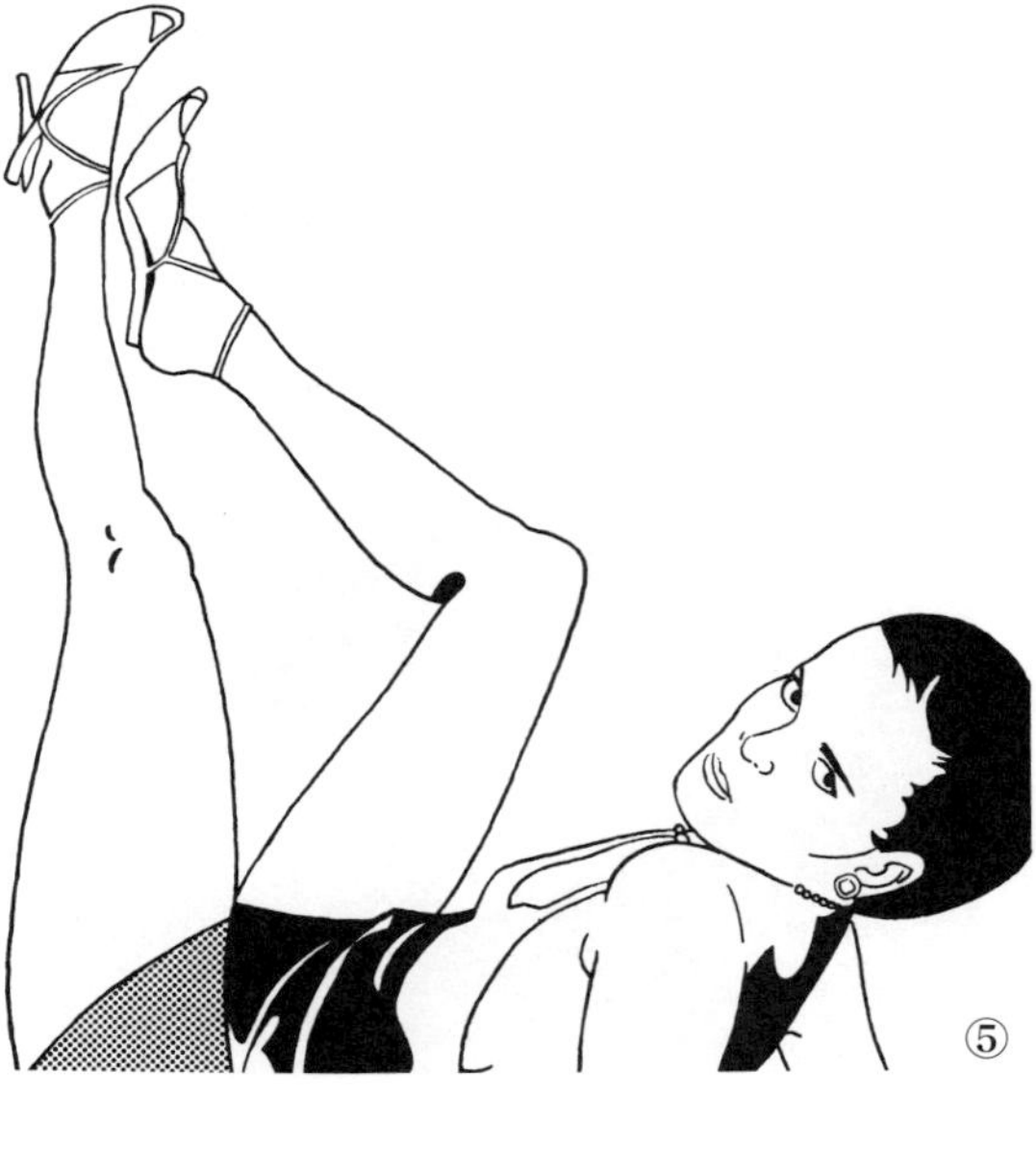

⑤

「女にハングリーだ」という表現があるし、日本語では、「おいしそうな女」を「食べちゃいたい」と思った男が、「女の味」を知って、「ごちそうさま」ということになる。

だから、人々に欲望を確実に、しかもてっとり早く起こさせるには、性的メッセージを利用するのが、もっとも効果的だ。男たちは、モデルの性的な姿態に誘われて、その女を「ものにしたい」と願い、モデルが指示する商品を自分の「ものにしよう」と思うからである。松田聖子ちゃんが、にっこりふり向いて「よそ見しないで、私に決めて」と呼びかける、あるデジタル時計の広告では、「聖子に決めた」ことと、「この時計に決めた」ことが、重ね合わされていることは言うまでもない。

このように、広告には、女性が送る性的メッセージが氾濫《はんらん》している。しかし、考えてみると性的メッセージは、なにも女の専売特許ではない。男と女の双方から発信されているはずである。現に、女から男へのほめ言葉として、「あの人、セックス・アピールがあるわね」などと言ったりすることがある。

動物の世界でも、クジャクやライオンの例をもちだすまでもなく、かたちのうえでも、しぐさのうえでも、性的ディスプレイの華々しいのはオスのほうと相場が決まっている。しかし、人間の世界では、いままで見てきたように、それが完全に逆転してしまっている。

この逆転現象をもののみごとに反映しているのが広告である。では、広告に氾濫している性的メッセージは、誰が誰を引きつけるためなのか？　もちろん、女が男を性的に引きつけるためである。

その理由はいくつかある。まず第一に、広告の作り手たちが、広告の受け手を男だと見なしていることがあげられる。男から男への、女を媒介にした欲望のメッセージ――これが広告の実態なのである。これは、文化人類学者のレヴィ＝ストロースが発見した、女を嫁としてやりとりして、男同士がとり結ぶ兄弟仁義、という「婚姻連帯の理論」ともピッタリ一致する。まさに「男心は男でなくちゃ」というわけだ。

つまり、商品が必ずしも男性マーケットだけに向けられたものでなくても、現代の消費生活の中で、男性は購買力を持ち、家庭内の消費の意思決定権を握っているに違いない、という前提が存在しているのだ。

とは言っても、男性に購買力が集中しているという指摘には、わが身とひき比べて苦笑するほかない男性諸氏も多いことだろう。なにしろ、現在の日本では、実際の消費生活の主導権を握っているのは、おもに妻たちのほうだからである。おとうちゃんはといえば、毎朝おかあちゃんからもらう小遣いを節約して、週に一、二回、赤ちょうちんでおだをあげる程度が、平均的な実態なのである(漫画「ショージ君」の世界は、フィクションでは

ないのだ)。

では、女性をターゲットに狙った商品の広告にさえ、女性の性的アピールが多く用いられるのはなぜなのだろうか。それは、女性が女性を見るときには、男の色めがねをかけて見るからである。これが、広告に性的メッセージがあふれていることの、第二の、そして最大の理由である。

だから、女性が「あの女《ひと》、セクシーね」と言うときには、彼女は「男の目から見たら、きっとセクシーに見えるに違いない」と言っているにすぎないのだ。

また、「女のあたしから見ても

⑦

色っぽい女《ひと》」という言いかたも、べつだん彼女にレズビアンの傾向があるわけではない。彼女は、男性の目を内面化して女性を判断しているのである。

なかには、「男から見て色っぽい女と、女が見て色っぽい女とは違うよ」とのたまう男性もいるが、これまた、女性が、男性の目の内面化を少々しくじった、というだけの話である。

女は男の目を内面化して女を見ている、と述べたが、その端的な例がある。セクシーな女を描かせたら当代一と言われる、イラストレーター、山口はるみさんの場合だ。彼女が女性のからだを見る目は、徹底して男の目である。彼女は、男ではないから、かえって情緒や欲望に流されずに、一般化・抽象化された「男の目」で、女を描くことができる。

「男よりも男らしい」女の逆説。男たちは、彼女の絵を前にして、自分の欲望があからさまに示されたことにどきりとする。「どうしてあんた、オレのことこんなに知ってんの」と。

これに対して、女たちの場合はどうか。女たちは、広告に登場する女が、セクシーな姿態で男たちを誘いかけるのを見ても、けっして不愉快なわけではない。女たちは、モデルを対象化して欲望することはないが、その代わりに、モデルに同一化してナルシシズムを味わうことができるからである。「男たちの欲望の対象になる(ほど値打ちのある)女」というイメージは、女にとってまんざらでもない。女は、自分自身をも、つねに男の視線を介してながめ、評価するくせがついている。女は、男の見かたに「汚染」されているのである。

そこで、私たちの社会生活でも、さまざまな思い違いが生じる。たとえば、電話交換手はなぜ女なのか？　もちろん、女の労働力のほうが安く使えるということもある。しかし、それだけではない。ある電電公社の関係者は、「女の声のほうが耳ざわりがいいですからね。サービスです」と説明したそうだ。とすれば、女の声の心地よく響くのは、男性の耳に対してだから、電電公社のサービスは、男性向けということになる。

これと同じような思い違いは、ほかにもある。最近のマイコン利用の電子クッキング機器は、女性の音声で調理の指示を与える。これなども、もしかしたら、奥さま方は、細川《ほそかわ》俊之《としゆき》のような渋い男の声で、「ハイ時間ですよ。スイッチを切ってね、ハニー」などと言ってもらいたいのかもしれない。

3 女は「曲芸」に生きる

さあさあごらん。オンナが見せる、つらい世間の綱渡り

女が「肩肘《かたひじ》はって」生きているから、肩パッド・ファッションが流行する

ヒトは自らを万物の霊長だと思いこんでいるせいか、とかく他の動物の行動を色めがねで見る傾向があるようだ。たとえば、野生の動物は、たとえ同じ種であっても、未知の個体同士が出会ったときには、すぐにけんかをおっぱじめる、などという思いこみは、その最たるものだ。

これこそ神話以外のなにものでもない。たしかに、動物の個体は、未知の個体に出会ったときには、攻撃に移る前段階の動作として、さまざまな威嚇《いかく》のしぐさをする。しかし、これがすぐさま実際の攻撃行動として現われることは、まずないといっていい。手当たりしだいに攻撃していたのでは、双方がダメージを受けることは目に見えているからだ。できれば闘わずして、威嚇の段階で雌雄《しゆう》を決するにこしたことはない。

そこで、動物たちは、おたがいの順位関係を決める方法をさまざまに発達させてきている。そのひとつに威嚇姿勢がある。まえのところで述べたからだのサイズや位置関係で負

けても、威嚇姿勢で力関係を逆転することができるのである。

威嚇姿勢の基本は、自らを実際以上に大きく見せることにある。そのためには、胸を張ったり、肩を怒らせたり、腕を上げたりする姿勢がとられる(①)。試しに道を歩いている野良ネコをからかってごらんなさい。はじめは無視されるかもしれないが、そのうち、しっぽをふくらませたり、全身の毛を逆立てて、少しでも自分のからだを大きく見せるようにするはずだ(ただし、そのあとで、あなたの身に何が起きるかは保証のかぎりではないが……)。

②

なかにはエリマキトカゲなどというへんな生き物もいて、相手を威嚇するときに、エリを立てて姿かたちを大きく見せるというからおかしくなってしまう。

ヒトの場合でも、ポパイはブルートよりずっと小さいが、それでもほうれん草をもりもり食べたあとで、力こぶを盛り上げてみせる。力こぶによって自分を大きく見せ、それでブルートを威嚇しようというわけである。

だから、どこぞの代議士センセイのようなちびでも、胸を張って腹を突き出して歩いていれば、なんとなく尊大に見えてしまうこともある。また、ヨッシャの田中角栄サンが、「ヨッ！」と片手を上げるスタイルも、自分がちびだということを意識した、誇示型姿勢の一種だといえるだろう。

このように、ヒトの男たちは、文字どおり「肩肘《かたひじ》はって」生きている。だから、その男

③

たちの必需品、ビタミン剤やカンフル・ドリンクの広告に登場する男性モデルは、当然ポパイスタイルということになる。まさに「おとうさん、ガンバッテ！」だ(①)。
また、男性向けファッションのモデルのポーズも、女性のものに比べると、ずいぶん違っている。彼らは、腕をひろげて上半身を大きく見せるポーズをとる(③)。ファッション自体も、威嚇姿勢を強調するものがふつうだ。肩を強調するために肩章がついていたり、肩パッドがついていたりする(②)。男のファッションは、都会の戦士たちのコスチュームなのである。

この肩を強調するスタイルは、古今東西、男のファッションに共通した特徴にさえなっている。事実、裸体に近い民族でも、肩だけを強調するアクセサリーを身につける。また、軍服についているキンキラキンの肩章も、軍人が職業的威嚇屋だということを考えれば納得がいく。もちろん、日本の武士の制服であるかみしもとて例外ではない。同じ時代に、女のほうはなで肩がよしとされたことと比べると、対照的である④。

しかし、ここ数年、女性向けファッションの世界でも、肩パッドが流行している。これは、女性が職場に進出するにつれ、女もまた「肩肘はって」生きていかなければならなくなっていることを、反映している。

この肩パッド・ファッションの流行は、二〇世紀になってから数回くりかえされている。一九二〇年代から三〇年代にかけては、グレタ・ガルボに代表されるような、かっちりした男仕立ての肩パッド入りスーツ・ファッションが登場した。それは第一次大戦と第二次大戦のはざまにあたり、そのままミリタリー・ファッションへとなだれこんでいくものだった。

このように、肩パッド・ファッションの流行は、いずれの時期も、戦後復興期のように、女性が「男並み」に生きることを要請された時代背景と関連している。

ところが、最近、ニューヨークのエグゼクティブ・ウーマンたちに受けるファッションは、パンツよりはスカートスーツ、ハードよりもソフトで女っぽい素材だという。これは、女たちがもう「男まさりのキャリアウーマン」でとおさなくても、十分通用するようにな

④

った証拠なのだろうか。

それとも、実質的に男まさりのポストを手に入れてしまった彼女たちにとっては、女っぽいアピールで、男たちの非難や攻撃を中和する必要があるからだろうか。これについては、あとでもう一度考えてみよう。

「すきだらけ」の女を見ると、男は「好きだらけ」になる

威嚇の姿勢があれば、当然、服従の姿勢もある。弱いやつが強いやつよりも小さくなる——頭を下げ、身をかがめ、自分を小さく見せるしぐさや姿勢をとる——これが、服従を表わす社会的信号である(①、②)。ゴフマンは、これを「服従の儀礼化」と呼んだ。戦うまえに戦意の喪失を相手に知らせ、内心はご不満でも、相手の優位を認めているしるしになるからだ。

問題はこの優劣関係が、男と女の関係にぴったり重なりあっていることだ。男と女とでは、戦うまえから「雌雄を決して」いるのである。だいたい「雌雄を決する」という表現自体が、象徴的な言いかただ。

男は女を支配し、女は服従する。では、「服従の儀礼化」が、なぜ性的メッセージにつながるのか。そもそも服従は、攻撃や抵抗の放棄を意味する。煮るなり焼くなり勝手にしてくれ、というメッセージを送る。これが女の場合には、もちろん、いつでもあなたのモノになりますよ、というメッセージになるのである。

①

②

この本の第一章で見た例は、いずれも男女がカップルで登場し、両者の力関係は、サイズや位置関係で表わされていた。しかし、広告写真には、女だけが、単独で現われるケースが多い。その場合、女たちは、受け手である男たちと、コミュニケーションしていると考えていい。写真の中で女が身をかがめ、横たわり、頭を下げていると、受け手のほうは、彼女が自分より低い位置にいると考える。

ことに決め手となるのは、女の視線の高さである。彼女たちは、しばしば低い姿勢から、上目《うわめ》づかいの視線を送る(③)。男である受け手は、モデルの女たちが自分に性的な服従のメッセージを送っている、と受けとって、ゴクンと生つばを飲みこむ。たとえその写真が、見上げなければならない高さにある、電車の中の吊り広告であっても、だ。

だから、モデルの位置、大きさ、姿勢、しぐさ、視線などを手がかりに広告を解読していくと、受け手との力関係がはっきりする。女たちはかがむ(③)。ソファに寝そべる(⑤)。あまつさえ水中にめりこむ(④)。からだを水没させて、上目づかいでにっこりほほえみかける。このうえない恭順のメッセージだ。

女の性的メッセージは、たんにモデルが水着姿だから露出度が高く、したがってメッセージの内容が濃い、といったものではない。たしかに、女は必要以上に裸になる。しかし、露出度だけを基準にして、性的メッセージを測るのは、あまりに一面的にすぎる。

③

　しばらくまえに『ブレーン』という広告専門誌が「性広告《セックス》」という特集を組んだことがある。その内容は、「広告の中で、どこまで裸が許されるか」というものだった。つまり、おしりはいいか、乳首まではいいか、ヘアはどうか、という、倫理綱領すれすれのお話にほかならなかった。議論としては浅いというほかない。

　裸、即性的なメッセージ、という図式は短絡的だ。それなら、裸で暮らす民族やヌーディストは、いつでも性的な反応をしていなければならなくなる。なるほど、衣服を身につけて暮らすようになった私たちは、隠せば隠すほど、裸に反応するようになった。しかし、人間が反応するのは、それ以上に社会的なしぐさの信号に対してなのである。だから、あっけらかんと裸になったヌーディストのおばちゃんより、着物を身に着けていても、触れなば落ちん風情のおねえさんのほうが、ずっと色っぽい。私たちが「色っぽい」と感じるのは、かたちでなくしぐさのほうなのである。

④

広告写真の中で、女が寝そべったり、横になったりしているだけで、

「ネ、あたしをどうにでもして」

という性的メッセージを送っているとみなすのは、フロイトも顔負けのセックス亡者の深読みだ、とお考えの方がいるかもしれない。女たちは、ベッドやカーペットの上で、たんにリラックスしているだけだ、と。一見、リラックスした姿勢が、たんにリラックスしただけの姿勢かどうかは、同じようなしぐさをした、男のモデルと女のモデルとを比べてみる

とよくわかる。女は上目づかいに、受け手とコミュニケーションしている⑤。これに対し、男のほうは、これ以上低くなれない床の上に横たわり、そのうえ視線を床に落として、内向している⑥。

目線の位置は、文化によってかなりの違いがある。たとえばアメリカでは、相手の目を見てしゃべらないと失礼だとされているが、日本では逆だ。相手の目を見ないようにしゃべるのが礼儀正しいしゃべりかただとされている。マナーの本がアドバイスするように、「相手のネクタイの結び目あたりを見て話せ」と。さらには、女性が相手と面と向かってしゃべったりすると、女らしくない、と言われてしまう。うつむいて、相手にときどき上目づかいで視線を送る、これが基本的に「女らしい」目線の使いかたなのだ。

もう一つ、カメラアイの高さが違うことも注目に値する。横たわる女を写すカメラアイは見下ろす角度にある。これに対し、横たわる男を映すカメラアイは、男の高さにある。つまり、ここでもカメラアイは、女のほうを対象化し、男のほうには同一化しているのだ。

男は、メッセージを自分に向けて送る相手は、自分以外の人間として対象化する。送ってこない同性は、自分が乗り移って同一化する。フロイトは、人間の対象との関係には、対象化と同一化の二種類があると説いた。別なことばで言えば「もちたい」願望と「なり

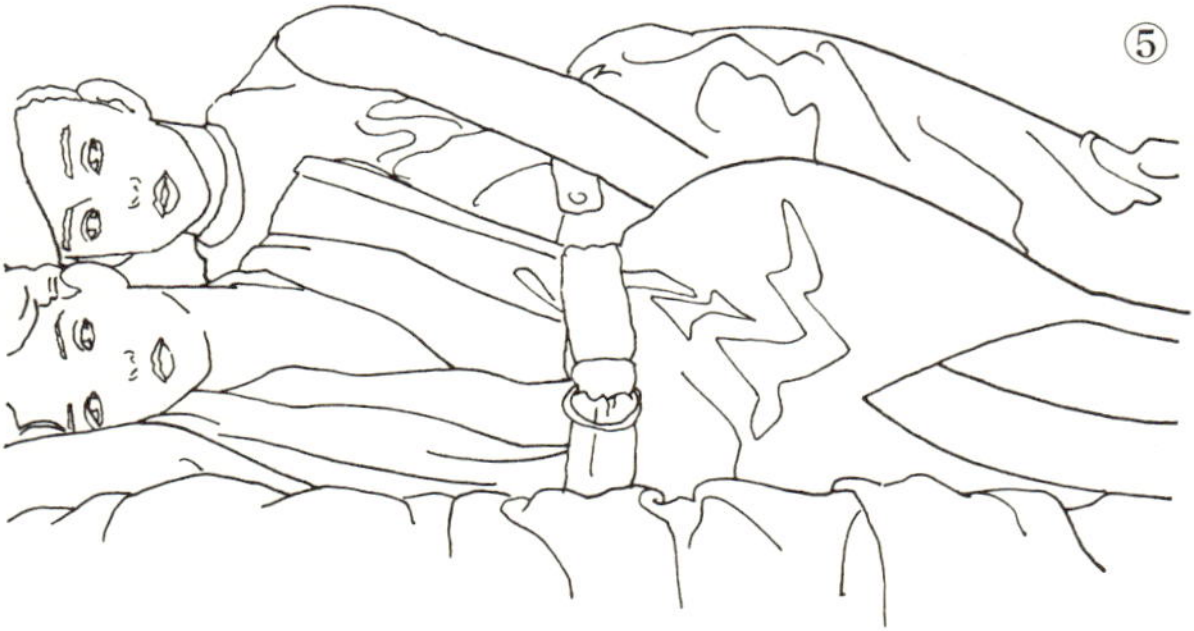
⑤

⑥

たい」願望とである。モデルが女の場合には、彼女は「もちたい」=「モノにしたい」対象として現われ、男の場合には「なりたい」対象として現われるのだ。

「やらせる女」は、「いい女」か

誰でも、見知らぬ人間がぬっとそばに寄ってくると、恐怖を覚える。さわらぬ神にたたりなしで、できれば一定の距離を置いてもらいたい、と思うのが人情だ(いい男はこのかぎりではない)。群れ生活をおくる動物でも、身体接触を避けて、この距離は侵しあわない。アメリカの文化人類学者、エドワード・ホールは、これを個体距離と呼んだ。人間ならば、片手を伸ばして届く距離、長さにして約五〇〜八〇センチである。腕《アーム》は武器《アーム》に通ず。つまり、片手を伸ばして届く距離の範囲内にはいらないということは、自分の攻撃が相手に届かず、同時に、相手からの攻撃もこちらに届かないことを意味している。

ところが、性関係だけは、このタブーを破らなければならない。体内受精を行なうようになった高等動物は、からだの一部を接触させるために、個体距離を侵しあう羽目にたちいたった。性交するためには、からだの一部を「めりこませる」わけだから、個体距離はゼロになるばかりか、マイナス数センチにもなろうというものだ(人によって個人差はあ

①

るが)。

個体が出会うところに「社会」があり、個体を出会わせるものが「性」だとしたら、性関係こそは、社会関係のアルファであり、オメガである。文化人類学者のレヴィ゠ストロースが言うように、性は人々を社会へとさし向ける。それは、人間の欲望の中で、性だけが、相手という他者なしでは充足できない唯一の欲望だからである。もっとも、単独で充足するてもないことはないが、それはついに繁殖に至らない(さらに手がこむと、第三者の目などがないと興奮しない人もあるらしいが……)。

これは、個体にとってはたいへんな危機である。個体距離を侵しあう関係は、暴力か性、この二つしかない。この二つの関係は、はなはだアンビバレントである。殴るという行為には、どこかしらエロチックな恍《こう》惚《こつ》感がともなうし、殴られるほうも、まんざらでないことがあるらしいのは、スポーツ根性マンガなどでうかがい知るところ。暴力がエロス化されることもある。でなければ、人間が他の動物にはみられない、サディズムやマゾヒズムなどという行為を発明するはずがない。

しかし、だからといって、性衝動につきうごかされる思春期の少年たちが、やみくもに攻撃的・暴力的なのはそのせいかといえば、そうともいえない。彼らもまた、異性によって自分の個体距離を喪失する恐怖感と、必死に葛藤《かっとう》しているのである。おずおずとさしのばされる少年の手、手を置いただけでビクンとふるえる少女の肩(ああ、なつかしいな、いつのころの話だったかしら)――これらは、個体距離をはじめて喪失する少年少女の、不安と葛藤を示している。恋愛はつねに甘美なものとはかぎらない。

だからこそ、性的メッセージの中には、個体距離を解除しあい、しかも、攻撃性を抑制しあうようなメカニズムが、きわめて高度に発達している。動物の行動の中でもっとも派《は》手《で》で美しいプレゼンテーション、しかも、ほんらいの機能的な意味を失っているために「儀礼化」のはっきりした行動のほとんどは、性的ディスプレイである。クジャクのオスの華やかな求愛ダンスや、ヒトのメスの授乳期以外にもふくらんだ乳房が、その例である。

このように、「服従の儀礼化」が性的メッセージになりうるのは、それが攻撃の放棄を意味しているからだ。相手からの脅威を受けずに近づくことができるのは、はなはだありがたいことだ。

では、個体距離を侵す側は、暴力と同じ攻撃性から、相手に近づくのだろうか。つまり、男がアタッカーで女は受け身、という構図は、永遠なのだろうか。暴力と性が通底しているなら、強姦こそが、男にとっても女にとっても、もっとも陶酔的なセックスだ、ということになる。

行動学の対象が人間におよぶにつれて登場した大問題の一つは、人間の場合も、性衝動は攻撃衝動を不可避に伴っているか、という問いであった、これについては、残念ながらまだ確たる解答は出ていない。ただ、霊長類の中には、性衝動が攻撃衝動を伴っているものと、そうでないものとがあることがわかっている。ヒトにもっとも近い類人猿であるチンパンジーの場合には、むしろ性衝動が攻撃衝動の中和剤として働いている、という報告もある。

コンラート・ローレンツが、攻撃一元説だったのを、その弟子のアイブル＝アイベスフェルトが批判して、「愛と憎しみ」二元説を唱えたが、ヒトの場合も、性はピースフルなコミュニケーションかもしれないのである。

ジョンとヨーコのベッド・インが反戦のメッセージになるのも、その意味である。なにしろわれらがヒーロー、ジョン・レノンこそは、やさしい男が勃たないわけじゃないことを、はっきり証明した人物である(もっともヨーロッパ人の中には、東洋の魔女ヨーコに、ジョンはすっかり去勢されたと思っている連中も、いるにはいるが)。

だから、性が攻撃性と結びつくのは、生物学的宿命ではなくて、むしろ社会が決めた性関係のありかたを反映していると考えられる。いわく、男は強く、女は弱く、と(なにしろ、「攻撃回数」の多い男性は羨望のまなざしで見られるのに対し、少ない男性は、性的コンプレックスにおちいることもあるのだから)。だから、広告写真の中で、もっぱら女たちばかりが性的服従のメッセージを送っているのも、それは私たちの生きている社会が、男と女の関係をそうしたものと考えている証拠にほかならないのである。

服従を表わす信号の一つに、からだ全体を傾けるという姿勢がある。イヌは、優位の個体に会うと、全身を曲げて、服従のメッセージを送る(①)。全身をかしげると、からだ全体が小さく見えるからである。「私はこんなにもからだを小さくして恐れ入っています。どうぞお好きなようにしてください」というわけだ。お辞儀は、からだを曲げるスタイルの典型である。

ワンワン・スタイルとまではいかないまでも、日常生活の中で、女たちはよく、からだをたて、よこ、ななめに傾ける(②、③、④、⑤)。事実、からだをちょいと傾けるだけで、女はかわいらしく、しかも色っぽく見えてしまうからふしぎだ。傾けるポーズは、ぶりっ

子スタイルの典型なのである(⑥)。
　試しにファッション雑誌をパラパラとめくってみてほしい。そこに登場する多くのモデルは、からだを傾けるポーズをとっていることに気づくはずだ。なぜか。そのほうが、写真に動きがでるからだろうか。というよりも、モデルのポーズは、ビビッドに見えるよりは、色っぽく見えるように意図されているからである。からだの自然な動きがもたらす、機能的なポーズではなく、より人為的で装飾的、つまり「儀礼的」なポーズである。
　また、からだを曲げるポーズが、型として洗練されたものに舞踊がある(④)。日本舞踊は、静止したポーズと

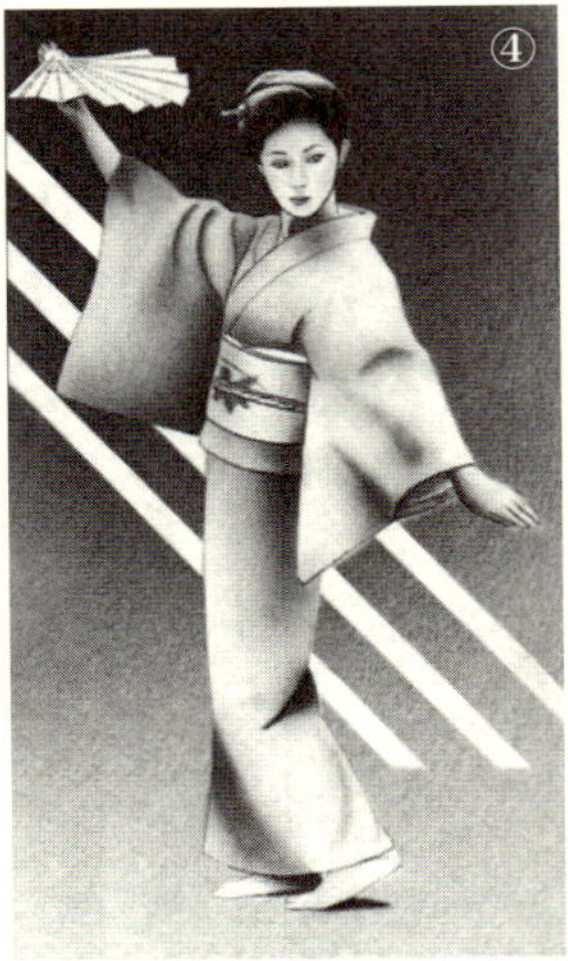

ポーズのあいだを動きでつなぎ、「型をきめる」ことが重要視される。なかでも女舞の型は色っぽく、この秘密を型の行動学的分析によって解き明かしてみるのも、おもしろいテーマになることだろう。

ところで、「色っぽさ」とはどういうことなのだろうか。ひと口に言えば、「口説けば落ちる」と男に思わせることだ。なにしろ、女が自らすすんで「その気」をメッセージとして送るのだから、男の心をそそらぬはずがない。漫才のビートたけしに言わせればこうなる。彼は、ある雑誌のインタビューで、

「あなたにとって、色っぽい女、い

⑥

い女とは」

と聞かれたとき、ズバリこう答えている。

「やらせる女です！」

それでは、女たちは、自らのぶりっ子スタイルが、男たちの意を迎えるメッセージであることに気がついているのだろうか。

実情は、往々にしてそうでないことが多い。話はややわき道にそれるが、こんな話がある。

つい先ごろ、日本航空が世界の美女カレンダー・中国編というのを作ったところ、中国側から「過度に性的である」とクレームがついた。日航側ではその理由が理解できず、右往左往の騒ぎになった。日航側にすれば、カレンダーに登場するチャイナ・ドレス姿の中国美人は、木の根もとによりかかって、からだ全体をゆったりとくねらせているだけで、ことさら性的なメッセージなどは送っていない、と考えていた。たしかにチャイナ・ドレスには大胆なスリットがあるが、それすらも目くじらたてるほどのものではない。

では、いったい、どこが中国側のお気に召さなかったのか？ 種明かしはかんたん。読者の方もすでにおわかりのことと思うが、彼らは、からだ全体をくねらせたポーズから、性的服従のメッセージを読みとってしまったのである。日航側にしぐさの文法に通じている人がいれば、こんな誤解は生まれなかっただろうし、中国側は、「ぶりっ子行動学」に通じていたことになる。

だから、あなたもじょうずにぶりっ子ポーズを使いわけないと、男に誤解されるかもね。

榊原郁恵が、松田聖子のような「ぶりっ子」になれない秘密

全身を曲げるのが面倒なら、からだの一部分で代用させることもできる。ひざ曲げスタイルがそれだ(①)。これでも服従のメッセージを送ることができる。文字どおり、「ひざを屈する」というわけである。このスタイルが典型的に現われるのは、バレエダンサーのあいさつや、中世の騎士が女王にあいさつするような場合だ。

ひざを曲げると脚が開く。脚が開けば観音さまが見える。人体構造からしても、これは理の当然だ。だとすれば、このひざ曲げスタイルには、第二章で述べた性器のプレゼンテーションによる、なだめ、服従、という効能もある。しかし、ひざ曲げスタイルには、即御開帳ともいえないバリエーションがある。それが一二一ページのイラストだ(③)。たしかに、ヒトが歩けばひざは曲がる。では、自然の動きかと言えば、やや装飾性が勝ちすぎている。実際に自分でやってみれば、すぐわかるはずだ。脚は休めの姿勢に開いても、ひざを曲げるとかえって苦しくなってしまう。このひざ曲げスタイルは、ぶりっ子スタイルのひざ下簡略版なのだ。

①

ところで、「ぶりっ子」と言えば、当代ナンバーワンはなんといっても松田聖子ちゃんだが、作家の井上ひさしさんがこんな話をしていた。あるとき、中学生になる彼の娘さんが、テレビで松田聖子が歌うのを見ながら、うっとりと、

「いいわね、松田聖子」

と言ったのだそうだ。こんなことでいいのか、と井上さんがあせると、お嬢さんはすかさず、

「たまらないわ、あのうそっぽさ」

と続けたという。井上さんはほっと胸をなでおろして「でかした、わが娘」と思ったそうだ。

私たちは誰でも、松田聖子というタレントが、「かわい子」を完璧に演じているのを知っている。「ぶりっ子」というのは、その演じかたのみごとさに対する、私たちの賛辞なのである。

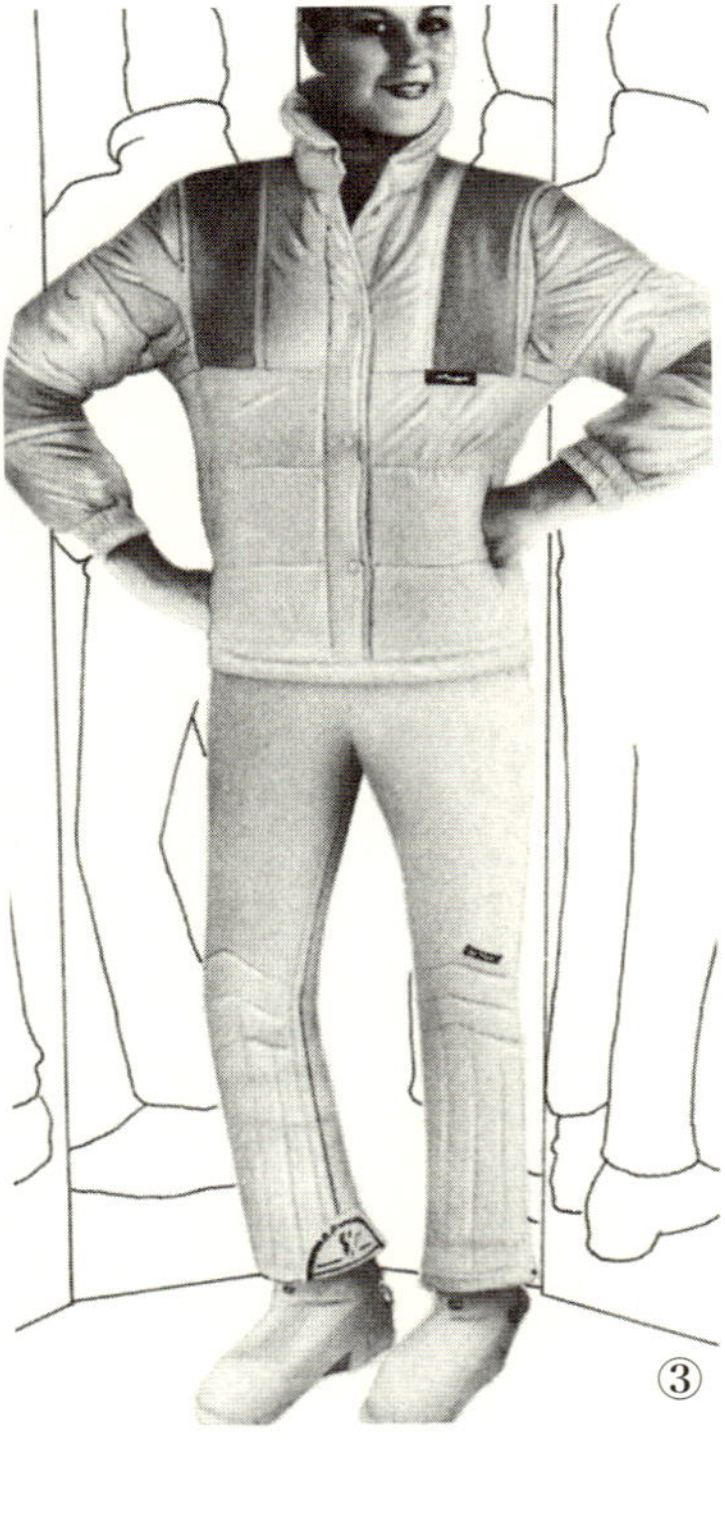
③

では、私たちは、松田聖子のどこから、「かわい子ぶり」を受けとるのだろうか。彼女のえも言われぬキャラクターからだろうか。それならば、誰も松田聖子の代わりはできないだろう。

しかし、真相はもっと別のところにあるようだ。松田聖子という固有名詞を持った女の子が「かわい子ぶり」を演じていると言うよりも、ひとりの女の子が、「松田聖子」を演じている、と言うべきだろう。だから、誰でも「聖子ぶり」をまねることができる。

現に、ある女の子は、一年間、松田聖子の泣き顔・八の字眉をまねしてみたばっかりに、みけんにたてじわが寄ってとれなくなった、という。

松田聖子の「ぶりっ子」の秘密は、表情だけではない。全身のしぐさや姿勢にもある。小首をかしげた頭、うっすら開いた唇、祈るように胸元でマイクに合わせた両手、そして、少しX脚ぎみに曲げた脚……。

このように、いくつかのポイントを押えるだけで、あなたも今日から「ぶりっ子」になることができる。ただ、それには条件がある。小首をかしげた姿勢を効果的に見せるためには、スリムでなければならない、ということだ。同じ姿勢を榊原郁恵《さかきばらいくえ》ちゃんがとったら、おだんごが傾いているようにしか見えないだろう。

「ぶりっ子」ばかりしていると、そのうち腰が曲がってしまう、という コワーイ話

真野響子《まやきょうこ》という女優がいる。ご本人は、気丈夫で、ぶっとばしてもこたえそうもない（真野さんごめんなさい！）キャラクターを売り物にしているようだが、その彼女でも、ちょっと小首を傾けるだけで、予期せぬほどにかわい気が出る(1)。受け手から見れば、とっつきやすくなる。さらに言えば、つけいるすきができる。男にしてみれば、つけいるすきをわざわざ与えてくれる女に、かわいらしさを感じるのは当然だ。なにしろ、うまくすれば、自分のモノになるかもしれないのだから。

このように、小首を傾けると、女はコケティッシュに見える(2)。男は間が抜けて見える。それは、この小首を傾けるしぐさが、全身やひざを曲げるスタイルと同じように、服従のメッセージを持っているからである。

ところが、世の中、目ざといご仁《じん》はいるもので、このてを逆に利用して成功しているのが、漫才のザ・ボンチのおさむクンである（もっとも、彼がそれを意識してやっているか

①

どうかは定かではないが)。彼は舞台に登場したとき、「おさむちゃんでーす」と言いながら、小首を傾ける。お客は、この間の抜けたポーズを見て、自らの優越感を満足させるのである。

だから、私たちが他人に対して軽くあいさつするときに、ちょっと小首をかしげたりするのも、いま述べたことと同じ理屈である。「あなたに敵意は持っていませんよ」というメッセージを送っているわけだ。

よく、誰に対してもあたりのやわらかい人のことを、腰が低いとか、頭《ず》が低い、などと形容することがある。また、「実るほど、頭《こうべ》をたれる稲穂かな」などという人生訓のお好きな方も多いようだ。それも、若いころには人を人とも思わずに、強引な世渡りをやってきて、功成り名を遂げた、いわゆる成り上がりのお方に多いように思えるのだが。

たしかに、頭なんぞ、いくら下げても減るもんではない。世の中、腰を低くしておいて損はない。これが生活者の知恵かもしれない。いくら「出すものは舌を出すのもいやだ」というケチでも、頭を下げるぐらいのエネルギー消費量なら、たかがしれてるもんね。

ただし、だ。いっぽうでは、米つきバッタみたいにペコペコしながら世の中を渡ってきたばあさんたちの、とうとう背骨まで曲がってしまった姿をよく見ることがある。胸がつまることだ。

②

ぶりっ子は、必要があるときにはしたらいい。それこそ、からだをたて、よこ、ななめにくねらせて媚《こ》びを売ってもいいだろう。だが、する必要のないときには、毅然《きぜん》としていたい。そのためにも、ふだん自分が無意識に、あるいは意識的にとっている数々のしぐさの意味を、もう一度よく考えてみることだ。そのうえで状況に合わせて使いわければいいのだ。それが、背骨も心もまっすぐに保つための条件である。

男がノドチンコまる出しで笑っても、世間は許してくれるのに、女は……

攻撃を避けあうあいさつ行動の一つに、笑うというしぐさがある。ヒトはなぜ笑うのか。サルは笑う。ウマも笑う。動物の笑いと人間の笑いは、どこが同じで、どこが違うのか。笑うというしぐさは、解剖学的に言えば、口角を引き上げて歯を見せる、ということにある。だから「チーズ」と言っただけでも、笑顔に見える。サルやウマが笑うというときも、人間サマのチーズと同じようなものだ。彼らの笑いとは、歯を見せることを指しているからだ。

歯は、動物のからだの中で、もっとも攻撃力の強い武器である。なにしろ爪と同じように、皮膚から外へ出た骨の突起部だから、いちばん固い。嚙み切ったり、引き裂いたりするのは、すべて歯の力である。

このことからもわかるように、歯を見せるというしぐさは、もともと威嚇《いかく》行動に源を発している。とりわけ、攻撃力のもっとも大きな犬歯を見せることが目的であった。歯を見

①

せて相手を威嚇し、それによって無用の攻撃を避けあおうという、あいさつの一種だったのである。

だから、歯を見せる顔は、こわい顔と紙一重である。獅子舞の獅子は、歯をむき出してはいるが、笑っているわけではない。

では、こわい顔が、いつのまに笑顔に変わったのだろうか。そもそも威嚇のような行動は、未知の事態に直面したときの反応である。笑いも、既知の事態が異化されたときに起きる。よく使われるたとえだが、私たちは、謹厳実直な先生が、バナナの皮ですべってこけると笑いころげる。また、自分が失敗したときも、笑いでごまかそうとする。思い浮かべてみてほしい。あと一歩というところで無情にも電車のドアがしまったとき、人々がよくやるあの複雑な笑いを。

さらに、笑いには、異化作用を中和しようという受け身のものだけでなく、逆に、積極的に状況を異化してやろうという攻撃的な性格を持つものもある。たとえば、会議の話題が深刻になったときなど、雰囲気を変えるために故意に笑いとばす、ということがある。また、困難な手術に立ち向かう医師が、看護師に、

「今日の肉料理は仕込みにちょいと時間がかかりそうだぜ」

と冗談をとばす、ということも。

②

いずれにしても、笑いが見なれない事態に直面したときの防衛反応だということでは共通している。

こう考えてくると、つぎのようなことにも理解がいこうというものだ。よく二十歳《はたち》まえの娘たちは、箸《はし》がころげても笑う、と言う。めったに笑わなくなったおとなたちは、げらげら笑いころげる彼女たちを見て、「いいわねェ、あんな年ごろは」とうらやましがる。なに、ちっともいいことなんぞないのだ。娘たちは、世間への出口に直面して、見なれない事態に腹の皮がよじれるほど、日々おびえているだけの話である。

このように、笑いは、威嚇行動から、見知らぬ相手へのあいさつ行動へと転化する。それが端的に現われるのはサルの場合だ(②)。

二頭のサルが出会ったとき、順位が下のサルは、にやにや笑いながら優位のサルに近づいていく。このときの笑いは、すでに、威嚇の意味を失い、攻撃を回避し、相手に戦

意喪失の意志を伝える服従のメッセージになっている。

そういえば、評判の悪いジャパニーズ・スマイルも、どことなく劣位のサルのにやにや笑いに似ている。私たちが、意味もなく笑う人に卑屈さを感じるのはそのせいである。

アメリカの大統領はよく笑う。国民に演説をするとき、顔いっぱいに笑みをたたえる。それは彼の国民への服従のメッセージ、つまり大統領が国民の僕《しもべ》であることを伝えている。おかげで、カーターさんの顔は、笑いじわでいっぱいになってしまった(③)。

ごぞんじ三《み》波春夫《なみはるお》サンもよく笑う。彼の「百万ドルの笑顔」とやらは、「お客様は神様」だからだ。

だとすれば、所信表明演説のさいに、にこりともしない日本の政治家たちは、公僕でもなければ、国民は神様とも思っていないのだろうか。国民が政治家の「お得意様」だとしたら、タックス・ペイヤーにもう少しスマイル・サービスをしてもよさそうなものだ(よしてほしい人もいるが)。

江戸時代末期、日本を訪れたある西欧人が、日本の既婚女性のお歯黒を見て、こう言ったそうである。

「日本の既婚婦人は、笑うと口の中に闇がのぞく」

中世から近世にかけての日本の伝統社会では、既婚女性にかぎらず、初潮を迎えた娘は、おとなになったしるしに鉄漿《かね》をつけて歯を黒く染めた。だから、当時の日本の社会には、白い歯を持ったおとなの女性はいなかったわけだ。くだんの西欧人は、お歯黒を醜いばかりでなく、野蛮な風習だと本国に報告した。

では、なぜこのような風習がひろまったのか。ひと口に言えば、女たちの攻撃性を骨抜きにするためである。男たちは、「見えない歯」「口の中の闇」であるところのお歯黒によって、顔の中の女性器である口から、歯をすっかり去勢しようとしたのだ。

なにしろ、男の女性恐怖妄想のひとつにデンタル・バギナ(歯のある女性器)のイメージがある。女性器におのがものを食いちぎられるのでは、という恐怖感から来ている。され

④

ば、当時の男たちは、お歯黒を見てさぞ安心だったにちがいない。

現に、中国人のように、なにごとにつけ徹底してやらなければ気のすまない民族は、歯を一本残らず抜いた、オーラル・セックス専門の娼婦さえ発明したほどだ。なんとも悲しい話ではある。

しかし、現在、広告に登場する女たちは、こんな悲しい歴史など、それこそ歯牙《しが》にもかけていないかのようだ。彼女たちは、つねに受け手にほほえみのメッセージを送る。あたかも、にやにや笑いを浮かべながら相手に近づいていく劣位のサルや、あの悪名高きイエロー・ジャップのように……。

たしかに、古今東西、男は歯を見せずに、口をへの字に結ぶのが美徳とされ、女は笑みを絶やさないのがよしとされたのは事実である。いわく、「男は度胸、女は愛敬《あいきょう》」だと。

そこで、何ごとにつけ、二つ返事で、いやな顔も見せずに引き受ける、理想の僕《しもべ》が女の手本とされた。だから、肉体美を露《あら》わに見せつけた魅力的なモデルは、いつでも二つ返事であなたの思いものになりますよ、と受け手の欲望を刺激する(⑤)。ついでに、私が持っている商品もあなたのものにしてね、というメッセージも忘れない。

これに対して、もし男が笑う場合には、ほほえみなどという中途はんぱなものでなく、それこそのどちんこ丸見えの大笑いが、破顔一笑の豪傑笑いなどといって、男らしいとされた。

まえに述べたように、歯を見せるしぐさは、相手に対する威嚇と服従の両方の意味を持った表情だ。だから、女が笑うときには、歯を見せながら歯を見せない、という芸当をやってのけなければならない。口を閉じたまま笑うスマイルが、女らしいのはそのせいだし、女たちが、口もとを手で隠して笑うのも同じことである。

現代の女性は、白く輝く歯を誇らしげに

見せて笑う。だが、私たちの社会に、男は笑わぬほうがよい、という価値観が生きているあいだは、劣位のサルのような複雑な笑いを浮かべながら、媚びてすり寄っていかなければならないのは、女のほうなのである。

「♪処々に処女と少女と淑女」がいるが、みんな娼婦ではないのか、という疑問

女は笑う。子どももよく笑う。赤ん坊は、教えられなくてもほほえむことを知っている。おむつの洗濯でいらいらしているおかあさんも、赤ん坊にまだよく見えない目でにっこりほほえまれると、すぐごきげんになってしまう①。

赤ん坊は、ヒトの中でもっとも弱い生き物だ。他人の助けなしでは一日も生きていくことができない。そこで、生き残る戦略として、つねに相手を引きつけ、スキンシップを求めなければならないが、かといって、攻撃されても困る。

赤ん坊のほほえみは、相手を引きつけると同時に、相手の攻撃性の解発を抑えるための信号なのである。たいていのおとなは、これでころりと参ってしまう。参らないのは、かわいらしさの受信装置を、人並みに発達させることのできなかった、欠陥おとなだけである。

人間は興味ある対象に出会うと、瞳孔が拡大する反応を示す。だから、たいていのおと

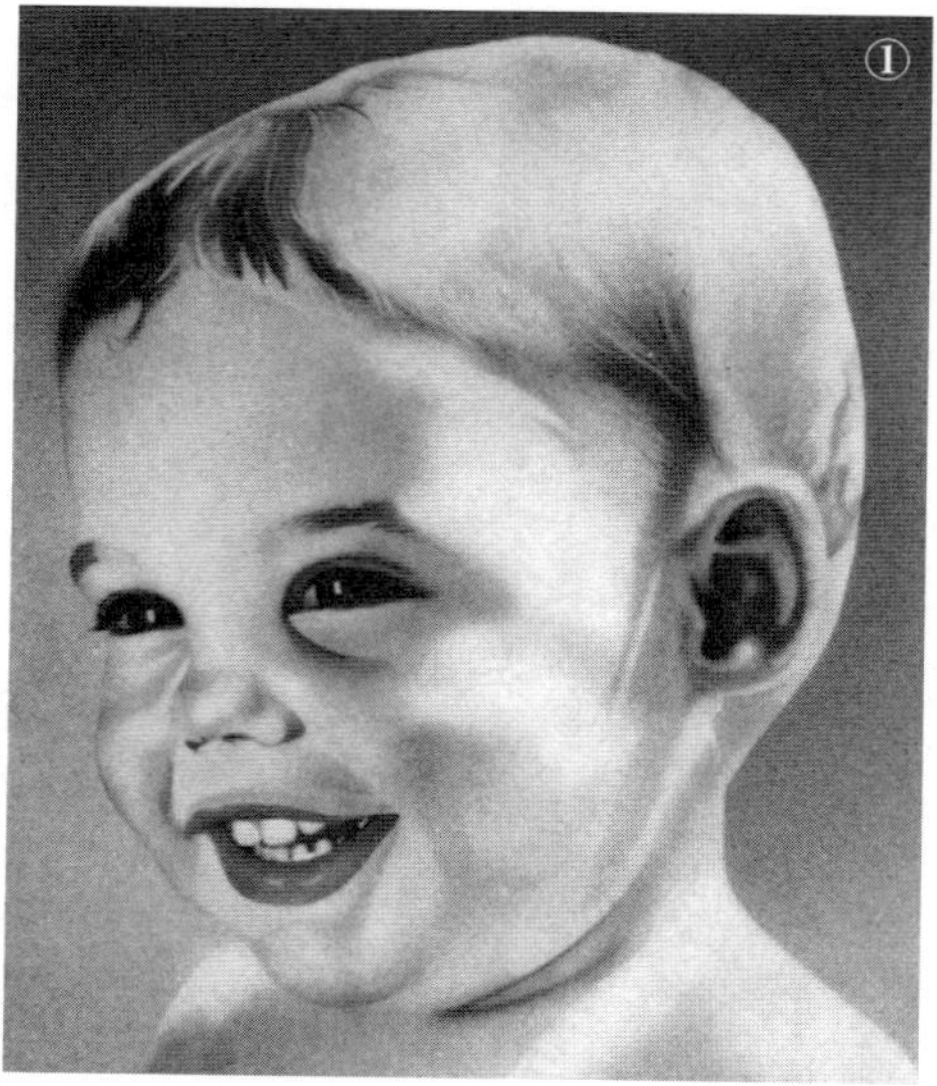

なは、赤ん坊を見ると、瞳孔拡大反応を起こす。これは男より女に多い。

いっぽう、たいていの男は、セクシーな女を見ると、瞳孔が拡大する。深夜のバーでサングラスをはずさない男は、自分の瞳孔反射を女に気《け》どられまいとしているのかもしれない。

子どもは、笑顔だけでなく、顔つき、からだつきなど、かたちのうえでも「子どもっぽさ」の信号を送る。これも笑いと同じように相手の気を引き、攻撃性の解発を抑えるためである。相対的に大きな頭、顔面に比べて大きな瞳、三頭身や五頭身のアンバランスなからだつき、まさにキューピーやぬいぐるみの格好だ(②)。だから、パンダでも顔や目を大きく描けばかわいく見えるが、実物どおりに小さく描いたのでは、クマの一種だということがわかるだけだ。

さらに、子どもっぽさが女らしさと結びつくと、少女マンガの主人公になる。並みはずれて大きなうるんだ瞳、小さな顔に大きな頭。違いはといえば、少女マンガでは、子どもっぽい顔にスラリと伸びたグラマラスな肢体がくっつくことだ。

この子どもっぽい顔だちに超グラマーな肢体、というアンバランスな組み合わせは、アメコミのベティちゃんからアグネス・ラム、宮崎美子《みやざきよしこ》に至る、セックス・シンボルの一つ

②

③

の系譜にさえなっている。彼女たちのようなベビーフェース・ギャルズは、同じグラマーでも、ソフィア・ローレンやジーナ・ロロブリジーダのようなおとなの女と違って、敵意がなく無害だからである。

女たちは、子どもぶりっ子を無意識のうちに、あるいは状況によっては意識的に、利用する。目を大きく見せるアイメーク、舌ったらずなしゃべりかた、子どものような無力さや我慢のなさ。これではショーペンハウエルが、「女は、男と子どもの中間の生き物だ」と言ったのもむりはない。とはいえ、このてで男たちがころりと引っかかるとしたら、愚かなのはどちらなのだろうか。

すでに述べたように、おとなは、子どもが発信するさまざまな信号を受信する装置を備えている。

わけても、えさねだりの信号に対しては、それが生存に直結しているだけに、すぐさま給《きゅ》餌《うじ》行動③で応えてやらなければならない。

ところで、給餌行動といえば、最近の広告写真には、大の女(こういう表現あるのかしら)が、病人でもないのに、男に食べさせてもらっている構図がよく登場する④。これは、じつにエロチックだ。なにしろ、男のからだの延長物が「上の女性器」におしこまれるのだから。また、食べものが花におきかえられたりすることもある⑤。男が手に持っている花を、くわえようとする女。どきんとするほどセクシーだ。

④

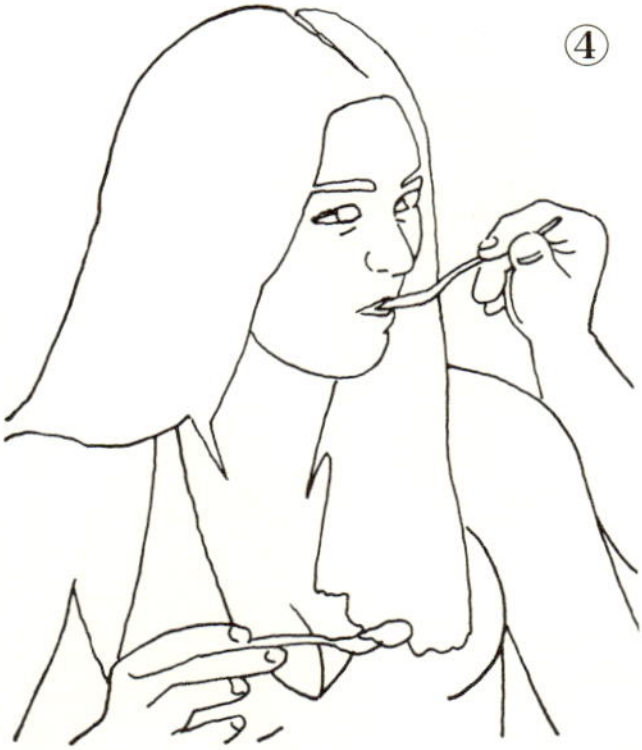

これに対して、動物のおとな同士のあいだでは、原則として給餌行動はない。おとうさんが運んでくるえさを、おかあさんが巣の中で待っている、などという「性分業」は、動物には存在しない。おとなの個体は、オスもメスも、自分のえさは自分で調達しなければならない。

ところが、例外的に生殖期にだけ、メスがオスにえさをねだり、オスがえさを与えることがある。これは、メスがセックスと食べものを交換してい

⑤

ることになるのだろうか。食べもののためにセックスをすることが売春なら、動物も売春をする、という衝撃的な事実が明らかになるのだろうか。

京都大学の黒田《くろだ》末寿《すえとし》さんによれば、ピグミー・チンパンジーのメスは、交尾したオスから食べものをねだったり奪ったりするという。まるで娼婦と同じではないか、と思う向きもあるかもしれない。性が経済的交換と結びつくのが売春だが、娼婦に言わせると、主婦は、終生の専属契約をした売春婦ではないか、ということになる。

それはともかく、黒田さんは、セックスと食べものの交換を、人類の性分業の発生に結びつけたいようだ。しかし、チンパンジーやヒトの食物分配と、他の動物、たとえばセグロカモメの給餌行動とでは、少々事情が違う。チンパンジーはコトが終わってから食べものをいただくのに対して、カモメはコトのまえの求愛のしるしとして給餌行動をする。これまた、コトのまえに支払うのなら、前払いの商売女と同じ、ということになるのだろうか。

答えは、ノーである。メスは、オスのくれるえさで養われているわけではない。かんじんなのは給餌行動の中で、オスとメスが「親子ぶりっ子」を演じていることだ。親子関係が、親和的なスキンシップの原型であることは、言うまでもないだろう。交尾のためには、オスとメスは肌をすり寄せなければならない。おたがいに攻撃性の解発を抑えあいながら接近するためには、親子ぶりっ子はたいへん効果的な求愛信号となるのだ。ただし無力な子どもの側に立つのは、いつもメスなのだが……。

4 ハズレ者とハズサレ者

鬼が見つけてくれないカクレンボほど悲しい遊びがあるだろうか

女とサルは、なぜからだをくねらせるのか

女らしいしぐさについて、もう少し考えてみたい。

作家の藤本義一《ふじもとぎいち》さんは、「女らしさ」について講演したときに、女性はすべからく四肢を交差させると、女らしく見える、と語っている。だから、左側にあるものは右手で、右側にあるものは左手でとるようにすると、女らしさが出る。髪に触れるときも同様だ、と。なるほど卓見《たっけん》にはちがいない。漢字の「女」という字体は、人がからだをくねらせたり、手足を交差した姿を表わす象形文字からきているという。だから、男でもからだをくねくねさせたり、手足を交差させたりすれば、女らしく見えてしまう。その典型が、歌舞伎の女形《おやま》である。

歌舞伎は、型の芸術だといわれている。女形の「型」は、本物の女以上に女らしい。女っぽく見せたい人は、女形のしぐさを見習うといいだろう(1)。

ところで、女形といえば、なんといっても坂東玉三郎《ばんどうたまさぶろう》だ。篠山紀信《しのやまきしん》が激写した『坂東玉三郎』写真集には、その玉三郎の舞台と楽屋の両方が写されている。この二つを比較して

①

見てみると、舞台の玉三郎のほうが、いちだんと女らしいことが一目瞭然にしてわかる。それは、玉三郎本人が、女役のゲイだからではない。彼を女らしく見せているのは、歌舞伎の舞台が錬りあげた「型」なのである。なにしろ女形は男がつくり上げた「夢の女」だから、現実の女は逆立ちしたって女形に勝てっこないのだ。

では、藤本さんが言うように、からだをくねらせたり、手足を交差させたりすると、なぜ女らしく見えるのか。人間はふつう、右側にあるものには右手で、左側のものには左手で触れるように行動する。頭の右側がかゆいときに、反対側の左手でかいたりすることは、まずないはずだ。例外はサルぐらいである。どうして女とサルだけが、反対側の手を使わなければいけないのか。

じつは、この手足をからだの前で交差させるというしぐさは、防衛姿勢なのである。手足でナワバリを作ってからだを囲いこみ、まわりの脅威から必死になって自分の身を守る——男たちは、この弱々しさに、女らしさを感じるのである(②、③、④)。

もうひとつ、手をからだの前で交差するという姿勢には、胸を隠す、という機能がある。こんな研究をした学者がいる。

「女性がオールヌードでいるところに、突然、男性が現われたとき、彼女は二本の手でまっ先にどこを隠すか」

もちろん、これもれっきとした比較行動学である。それによれば、

A　両手で胸を隠す

B　両手で性器を隠す

C　片手で胸を、片手で性器を隠す

の三通りの方法があるという。あなたならどうするだろうか。調査結果では、先進国の女性たちは、ほとんど例外なく、下半身はほったらかしにしたまま、両手で胸を隠す、ということである。

たしかに、幸いなことに女性器は体内に陥没しているため、ほうっておいてもヘアが隠してくれる。わざわざ手で隠す必要はないかもしれない。しかし、とっさに両手で胸を隠

③

す女性のほうは、そうは論理的にものを考えているはずもない。

　この「胸隠して性器隠さず」の態度は、未開社会で堂々たるトップレスの女性が、下半身だけは腰巻き状の布でおおっているケースと対照的だ。人類学が明らかにしたように、性器と性毛を完全に露出した裸族というのは、きわめて例外的だ。どんなに露出度の大きい社会でも、男は最小限ペニスをサックに入れているし、女は腰みのやふんどし状のもので性器を隠している。

　このように、近代に近づくにつれ、女が胸を隠すようになったのには、理由がある。乳房がセックス・シンボルに変わったからである。それまでは、乳房は母性の象徴で、オトーチャンのもんやなかったのだ。

　ところが、まえに述べたように、授乳期以外にもふくらんだままの乳房が、おしりに代わる人類の新しい性的誘引物となり、それがさらには、あからさまなセックス・シンボルへと変わっていったのである。なぜか？

これには、ブラジャーの普及が重要な役割を果たしている。話はルイ王朝時代のフランスにさかのぼる。ご存じの方も多いだろうが、当時の貴族女性のドレスは、トップレスであった。そのころ、女性の乳房は、堂々と誇示するものでこそあれ、隠すものではなかったのだ。

それが、女性がかたちのよい乳房を求めるあまりに(もとをたどれば、男がそれを求めたのだが)、ブラジャーというファンデーションが発明されてからは、乳房は、隠すものになってしまった。まさに必要は発明の母。そして、以後、乳房は隠すことによって、いやがうえにもセックス・シンボルとしての価値を高めていったというわけである。

現在でも、セックス・アピールを売り物にする女優は、コントラバス型のからだつきが条件だといわれている。だが、その割にはバストサイズだけが重視され、

骨盤の広さやおしりの大きさは、その比ではない。ヒッチハイカーの実験でも、遠くから女性のヒッチハイカーを認めたドライバーは、まず胸に視線を走らせることがわかっている。ボインのほうが、クルマの停まる確率が、格段に高いのだ(だから、ヒッチハイクをするときには、寄せて上げるブラジャーをおすすめしたい)。

日本でも、ブラジャーの普及以来、女性の堂々たるトップレス姿は、見られなくなってしまった。ひとむかしまえまでは、庶民の女性は、公衆の面前で、気軽にもろ肌脱ぎになったり、胸をはだけたりしたものだ。それがいまでは、産婦でさえ人の見ている前で授乳するのをいやがるようになった。たまにそういう人に出会ったりすると、同性でも目のやり場に困ってどぎまぎしてしまう。いわんや男性においてをや、だ。女性下着メーカーはすべからく男の敵、いや、ひいては女の敵なのである。

だから、女性が防衛姿勢をとるときは、胸を隠すようなポーズをとる⑤。隠せば隠すほど、セクシーだからである。隠しても隠しきれずに、こぼれ落ちそうなおっぱいなら、なおいいわけだ。このことから、女が手をからだの前で交差させるのは、男の腕組みとは違うということがわかる。なにしろ、男には隠すものがないのだから。

論より証拠、実際にやってみてほしい。ふつう腕組みをすると、手は乳房の下で交差する。ところが、女が腕を組むときには、胸を隠すようにすると、肩が落ち気味になり、楚々《そそ》として女らしい風情が出る。だから、いくらボインの宮崎美子《みやざきよしこ》ちゃんでも、明けっぴろげに自慢のボインを見せつけているだけでは、健康でさわやかであっても、けっしてセクシーとは言えないのである。

⑤

いま私は、同じ腕組みでも、男と女とでは意味が違う、と言った。言いっぱなしで男の腕組みについて何も触れないのでは、一面的というものだ。男たちは、けっこうこの腕組み姿勢をとることがあるからだ。そこで、その点についてちょっとは触れておかなければならないのだが、じつはこれがやっかいなのである。

なぜなら、男の腕組みというのは、攻撃と防衛の両方のメッセージを持つ姿勢だからである。男は、腕組みをしてナワバリを守りなが

ら、同時に肩肘《かたひじ》をはってあたりをにらみつける。もし、男がこんな気分になっていることを知らずに、うっかり触れようものなら、

「おれのからだに、気やすくさわるなよ」

と、すごまれかねない。もっとも、なよなよした女性が、この本でも紹介してきた媚《こ》びやなだめの信号で性的なメッセージを送りながら、「ねえ」としなだれかかれば、話は別だ。男の攻撃的な気分をなだめ、腕の中にみごとにおさまれるだろう。

ヤクザと女はお友だち、ハズレ、ハズサレ、降り、降ろされ

ヒトは、耐えがたい破局的《カタストロフィック》な事態に直面したとき、その場から逃避する。「無我夢中」ということばは、その感じをよく表わしている。もし、絶望的な瀬戸際から、からだを逃避させることができない場合、心だけを逃がしてやると、ヒトは発狂する。どちらもできないとき、ヒトは目や耳をふさぎ、顔をおおい、ひざをかかえて、逃れようのない現実から、とりあえず自分だけはかくまってやる(①)。そうしていやな状況から降りたいというメッセージを、全身から発信する。女はこの姿勢をよくとる。

このように、状況から自分の身をかばい、しりごみする防衛＝逃避のしぐさは、女の専売特許だ。社会学者のゴフマンは、これを「公認のしりごみ」と呼んでいる。社会的なライセンスを与えられているというわけだ。しりごみのしぐさが、女らしさと抵触しないがゆえに、社会的に公認されていることは、言うまでもない。

とはいえ、いくら女たちは状況からしりごみし、降りてもいいとはいっても、降りさせられていることもまた事実だ。だから、「公認のしりごみ」とは「強制されたしりごみ」

①

でもあるのだ。

これに対して、男のしりごみには、ライセンスは与えられていない。「無免許」には「男らしくない」というレッテルが待ちかまえている。だから、男たちは、武者ぶるいしてでも「七人の敵」に立ち向かっていかなくてはならない(そのむかし、男たちは状況を無視してまで、特攻機のタラップへの歩みを止めようとはしなかった)。

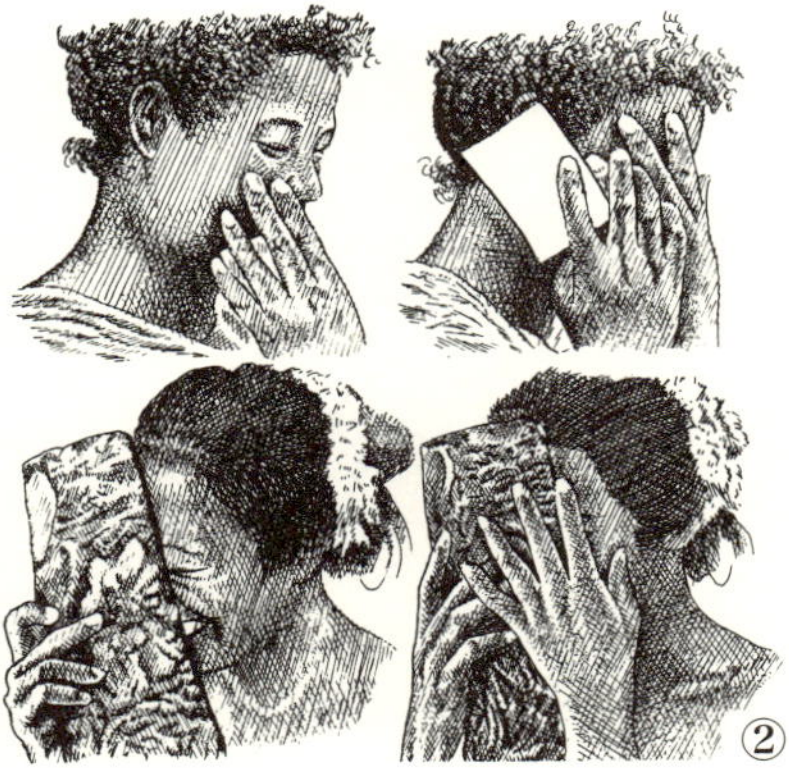
②

しりごみには、恐怖や絶望に直面したときのようなシリアスなものだけでなく、はにかみのようなさりげないものもある。はにかみを表わす万国共通の信号は、手や持ちもので、顔の一部を隠すしぐさだ。パリの娘さんもバントゥー族の娘さんも、おとなも子どもも、男も女も、はにかんだら同じしぐさをする(②、③)。

けれど一般に、女ははにかむが、男ははにかまない。「イヤーン、ウッソォー」と女は頭をかかえ、顔を隠し、口もとをおおう。目は状況に参加していなければならないから、口もとを

③

手でおおうしぐさが、はにかみを表わすもっとも儀礼的なしぐさとなる。

日本の女は、手やたもとやハンカチで、口もとをおおう儀礼的なしぐさを様式化している(④)。別にこれといって困った状況に直面していなくても、儀礼的なはにかみ信号を送っているだけで、ひかえめさ、つつましさという専売特許の女らしさを売りこむことができる。

照れたときに頭をかくしぐさも同じ理屈だ。もともとは、困難な事態に直面して、文字どおり「頭をかかえる」しぐさだったものが、儀礼化して「頭に手をやる」しぐさとなり、それもかっこ悪いので、ぼりぼりと頭をかくために手を上げたふりをする。遅刻したサラリーマンは、「どうもどうも」と、頭に手をやりながら部屋にはいってくる。それで恐縮の意を表明しているわけだ。

手や指の代用品に、タバコやつまようじや筆記用具のような小道具を使うこともできる。

ペンを口にあてて考えこんでいる少女は、一見、思慮深そうに見えるが、そのじつ、現実と自分とのあいだにペンという遮蔽物《しゃへい》を置いて、困惑を表わしているだけなのである(⑤)。彼女は、「イヤだな、困ったな、むずかしいな、先生に当てられたらどうしよう」と、知らず知らずのうちに「降りたい」信号を発信しているのだ。私のような意地悪な教師としては、この信号をすばやくキャッチして、すぐに指名することにしている。

④

⑤

口もとを手でおおう代わりに、あごに手をそえるだけでも同じメッセージを送ることができる(⑥)。あごに儀礼的かつ装飾的にそえられた手や指が、対象と自分とのあいだに距離をつくる働きをするからである。

ところで、これまでしりごみの姿勢のあれこれについて述べてきたが、ここで、逃避姿勢がつねに逃避一辺倒を表わすとはかぎらないことを知ってもらおう。まえに述べたが、笑いが威嚇と服従のあいだで、アンビバレントだったように、逃避姿勢も使いようによっては、自分のほうから対象や世界を押しのけて遠ざけようとする、攻撃的、積極的なものになるのだ。

たとえば、身をそらし、肩を引き、手をあごにあて、目だけはすえたヤクザの姿勢。世間なんて、こっちから相手にしてやんないよ、といった攻撃的メッセージを送っている。そういえば、はすに身を引いたヤクザの姿勢と、女の逃避姿勢は、ふしぎと似かよっている。それも道理だ。両者はともにはみだし者だからだ。

ただし、ヤクザは自分から社会に背を向けたハズレ者。女のほうは社会のほうからソッポを向かれた、たんなるハズサレ者、の違いはあるが……。

女とミミズは、なぜ暗いところへ行きたがるのか

場合によっては、逃避やしりごみをしなくても、状況に対して「安全な参加」をすることもできる。自分のからだを安全圏に置いたまま、状況に部分的に参加するという方法がそれである(誰かな、『窓ぎわのトットちゃん』を思い浮かべた人は)。

自分は絶対に攻撃されない場所にいて、相手を一方的に攻撃するという構図は、暗殺者の典型的な状況だ(①)。暗殺者はいつも無名だ。身を隠して群衆の中にまぎれこんでいく。ゴルゴ13の正体を、誰も知らない。自分の命とひきかえに政治家を攻撃して、歴史に名を残す山口二矢《やまぐちおとや》くんのような人物は、暗殺者ではなく明殺者と呼ばれるべきであろう。

「安全な参加」には、あの手この手がある。なかでも、自分は室内や物かげにいて、外をのぞくというのは、どこでもいつでも見られるありふれた手である。お葬式の日に、電柱の陰にたたずんでそっと見守る黒いベールの女、なんていうのも、この種の構図とみてよい。双眼鏡やのぞき穴もその一種だ。ちかごろ流行の、女性の一人演技をのぞかせる「のぞき部屋」も、この類いである。この現象の裏には、女と直接対峙《たいじ》することに恐怖を

①

抱く、現代の男の退却を読みとることもできよう。

室内に目を移せば、カーテンやブラインドのような遮蔽物がある(②)。サングラスなんていう小道具もある。「見る」ことの攻撃性をもっとも鋭く指摘したのはサルトルだが、人間は「見られないで見る」工夫を、さまざまに発達させてきた。

窓にもたれる美女、というのも、伝統的なパターンだ(③)。「出ておいでよ、おねえさん、窓の外の世界にゃ、おもしろいことがいっぱいあるぜ」と男たちは声をかける。女は笑って答えない。だって、

②

外にはオオカミがいるから、おうちから出ないようにしなさいって、子ぶたのおかあさんが言ったんだもん。でも、好奇心があるから、のぞいてみる、だけなのね。

身を隠す場所がないときは、隅っこにへばりつく(④、⑤)。隅に行っても、自分が隠れた気分になるだけで、実際にはからだはむきだされている。頭隠してしり隠さずのスタイルだが、それでも逃避したい、しりごみしたいという信号を表現するには十分である。少なくとも、いやよ、寄ってこないで、というメッセージになる。

ミミズの性質を調べる実験を行なった人がいる。ミミズを空箱に入れると、ミミズは隅の暗いほうへと群れていく。自己防衛の本能からだ。ミミズは、明るい所は危険な場所と知っている。喫茶店やパーティできまって隅の座席にすわる人も、ミミズの生まれかわりのようなものだ。防衛的な警戒心が強いと言える。

女も防衛姿勢を示す。しかし、ほんとうに他人に寄ってこられたくないわけではない。隅っこに寄りながら、目で相手のようすをうかがっている。笑顔で誘いかけている。「いやよ、いやよも好きのうち」というお決まりの手口だ(④)。

もっとも、こういう手のこんだことは、日本の女性の得意わざのようである。ドイツ女性とつきあった男性が、むこうの女はナイン(ノー)と言ったらほんとうにナインだ、ヤー(イエス)と言ったらまったくヤーだ、色気もなにもありゃしない、とこぼしていた。この場合、ドイツの女性が「ヤーよ!」と言ったとしても、日本人女性の「やーよ!」と言ったのとは、発音的に同じでも中身が違うわけである。

③

それはともかく、女がカムオンと言って、股をおっぴろげたら、男はかえって意気沮喪《そそう》するものであるらしい(男の人に聞くところ

④

⑤

によると、外人の娼婦にこんなのが多いんだって……）。相手が自分と対等か、もしかしたら自分より強いかもしれないからだ。自分の無力さをほのめかすメッセージを送りながら誘いかける――この手口に男はひっかかる。

八〇年代に生きる知的な女性をめざした化粧品のシリーズの広告がある。しかし、写真はせっかくのシリーズの主張を裏切っている。そこに現われる女性は、スポーツ・ファッション、スポーツ・マインドだが、あいかわらずの「女らしい」逃避的な姿勢をとっている。広告は過激になってはいけないというセオリーどおりの定石なのだろうか。

とくに最近は、進んだコピーに遅れた写真、またはその逆という組み合わせがちらほら見られる。たとえば、ある女性向け月刊誌の創刊号の予告広告のコピーは、「手を出すな、女は自分でモラルを脱ぐ」という過激なものだった。ところが、モデルの女性は、あいかわらず手足を交差させた防衛姿勢をとっていた。コピーと写真が、おたがいの効果を中和しあっているのだ。時代がどこまで進んでいるのか、その変化をつかみきれない広告のジレンマの現われなのだろう。というより、時代そのものの混沌《こんとん》さ加減を表わしているのだと思う。

「♪男好みの女になりたい」ためのあの手この手を、角栄サンも利用している、という話

身を隠すためには、小道具を使うという方法もある。そのあれこれを紹介しよう。まず扇子《せんす》がある。これは女が身を隠すための携帯用ミニついたてだった。そういえば、あの田中角栄センセイの有名な扇子も、これからは文字どおり身を隠すための小道具として使われるかも。

また、カードゲームをしている女には、カードがかっこうの遮蔽幕になる(1)。たとえカードの背後から挑みかかるような視線が注がれていても、家の中からきゃんきゃん吠える座敷犬のようなものだ。防護柵をとっ払ってしまえば、どのみち与《くみ》しやすい相手だ。

女は、身を隠す。このとき遮蔽物が無力であればあるほど女はセクシーに見える。これに対して、まったく無防備で、自分を隠す必要を感じない女は、かえってセクシーとは言えない。男の目からすれば、オールヌードのすっぽんぽんよりチラリズム、大股開きの娼婦よりもはにかむしろうと娘のほうがセクシーに見えるのだ。

けれど、眠り姫がいる森のお城に至る茨《いばら》の道のように、障害物が手ごわすぎてもやっかいだ。障害はあったほうがよい。ただしそれはあくまでも儀礼的なものでなければならない。

その意味で、グラスも効果的な小道具になる(②)。ワインやリキュールなど、女性向けドリンク類の広告には、女がグラスのうしろに隠れて、こちらをうかがうという構図が、ひんぱんに登場する。グラスは遮蔽幕の役目を果たしている。だから、喫茶店であなたと向かいあって、ひっきりなしにグラスの水を飲む相手は、脈がないからやめたほうがいい。度が過ぎた遮蔽幕は、はっきりと「ノー」の信号だからである。

②

グラスがいいなら、カップはどうか。結論から言えば、だめである。理由は簡単、カップは不透明だからだ。透明なグラスは、グラス越しに女の顔を見せる。「隠すより現わる」で、グラスのあえかなメッセージは、こわれやすい女のセクシーな信号を送っているのだ。

そのほかに、手に持ったハンドバッグ、編みかけの編みもの(④)、読みかけの本等々、なんでもついたて用の小道具に使うことができる。かんじんなのは、ついたての内側に閉じこもってしまわないことだ。ついたては、あくまでも「安全な参加」のためのものだ。だから、このしぐさを性的メッセージとするためには、女はついたての向こう側から、うかがうように挑むように、視線を送らなければならない。

これを男の場合と比べると、違いがはっきりする。男たちは、食卓で新聞をひろげる習

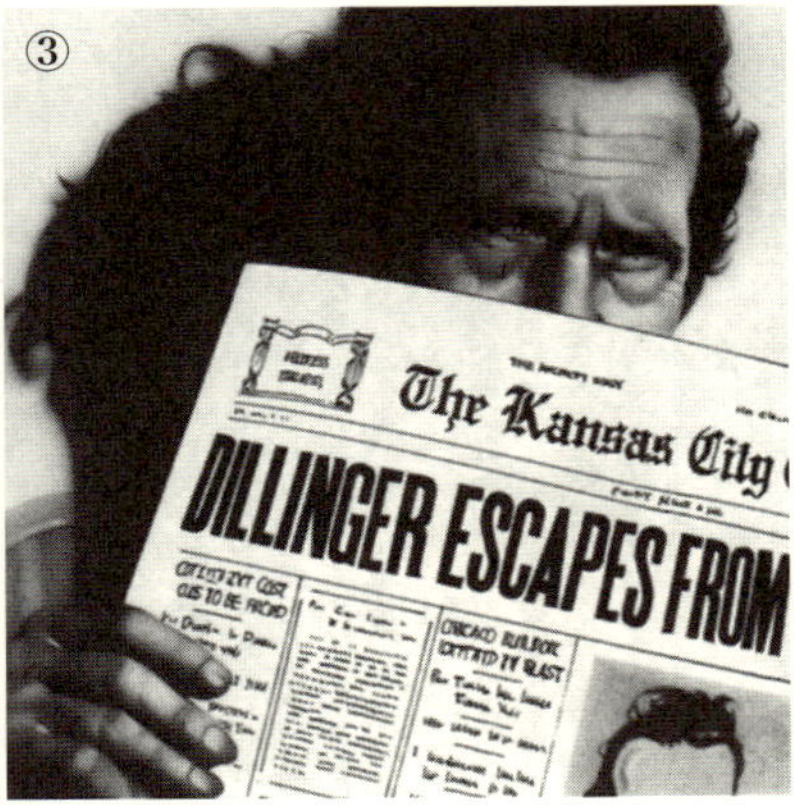

③

慣がある(③)。妻たちは、「ながらはやめてよ。お料理の味がわかんないじゃないの」と、がみがみ大声をあげる。言うまでもなく、新聞は、こんな妻へのついたてなのだ。男たちは新聞に視線を落とし、たのむからほっといてくれ、というメッセージを女房に送る。女房はますます声を張りあげる、というぐあいだ。

だから、ふだん食卓で新聞をひろげたことのないご亭主が、突然そんなことをしたときは、まえの晩の浮気か、はたまた何かやましいことがあるのでは、と疑ったほうがよさそうだ。

動物が、ついたてに利用される場合もある。わけてもよく使われるのは、ウマとイヌである。ウマは、フロイトの夢判断をまつまでもなく、巨大なペニス・シンボルだから、男がウマをついたてにしているときは、ウマに同一化しているわけだし、女の場合には言わずもがなだ。ウマといっしょにいる女に対しては、たいがいの男はめげることだろう。まず、かないっこないもんね。

かつて、べべ（ブリジット・バルドー）のヌードに、ウマといっしょに草原を嬉遊《きゆう》する美しいシーンがあった。この写真のべべは、どこかしら形而上的な清らかさを持っていた。なぜなら、ウマと女の組み合わせが、男無用のユートピアを象徴的に表わしているからである。思えば、後年のべべの動物愛護も、このへんに端を発していたのかもしれない。イヌを使うときにも同じことが言える。だから利用されるのは、ドーベルマンのように見るからに精悍《せいかん》そうなイヌで、チャチな愛玩《あいがん》犬なんかではない。

他人さまをついたてに使う場合はどうか。一人をついたてに使いながら、別の一人とコミュニケーションをする。部分的な参加だ。ゴフマンはこの例を紹介しながら、三角関係の中で、一人の男のうしろにまわった女が、もう一人の男に目くばせを送る可能性を鋭く指摘する⑤。自分にしなだれかかり、もたれかかった女が、自分の背中ごしに、別の男と、「この間抜け野郎、なーんにも知らないで」とメッセージを交信しあっているかもしれないのだ。ゴルゴ13ならずとも、ゆめゆめ女に背を見せてはなりませぬ。

かくして女は、ありとあらゆる物を利用しては、「安全な参加」を試みる。彼女たちは、それほどまでに警戒心を強くしなければ、この世で生きていくのがむずかしいと訴えているようだ。けれども、実体に一歩迫ってみれば、じつは大胆な誘惑であり、とき

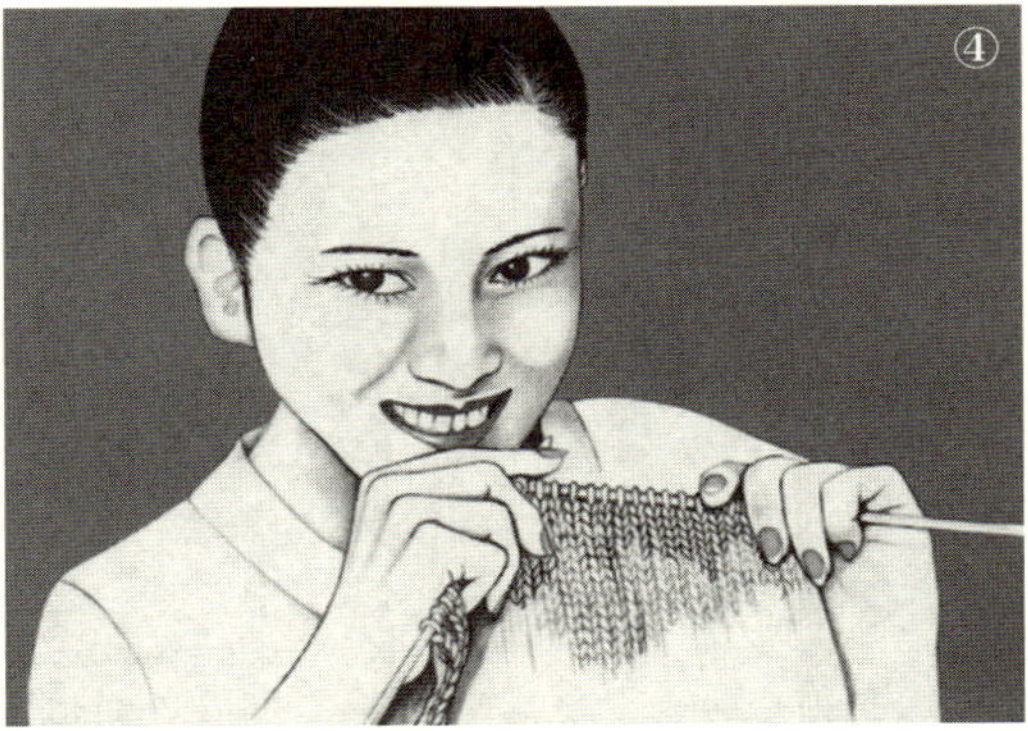
④

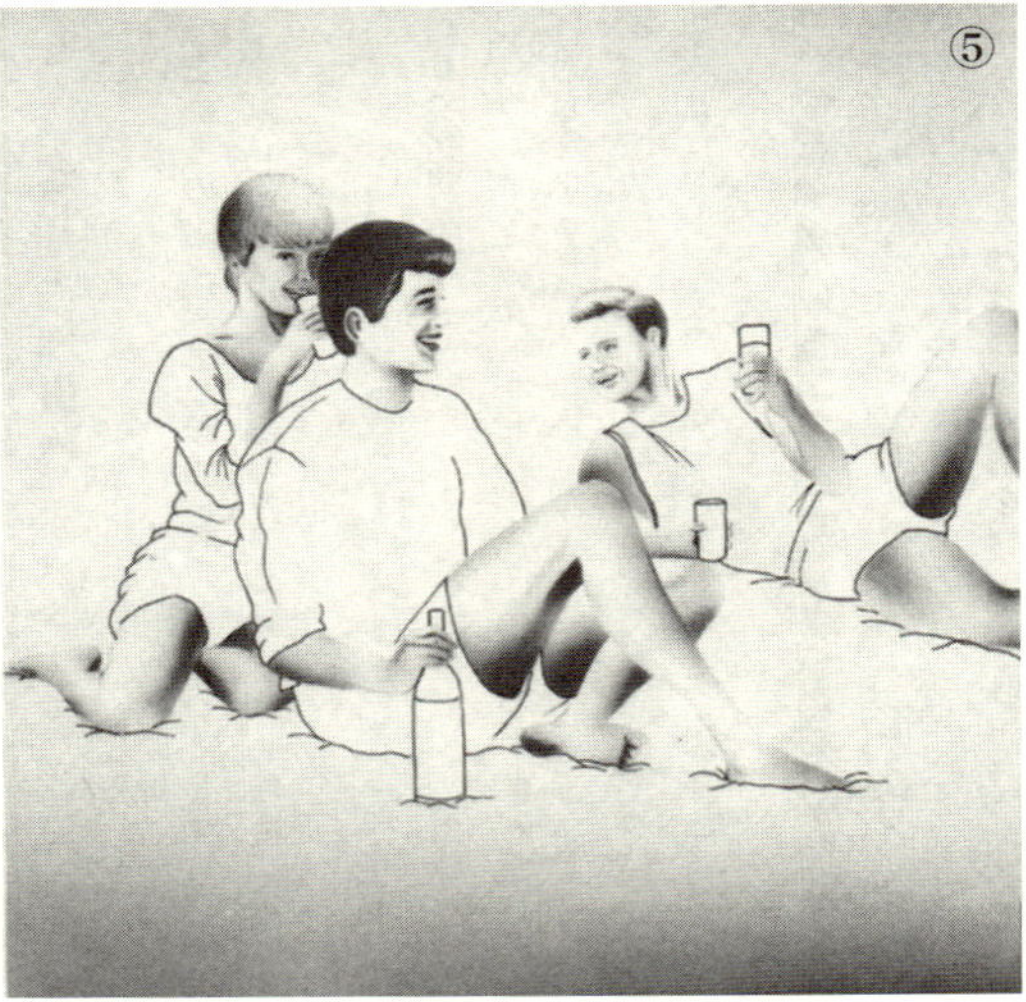
⑤

には挑発であり、あるときには、男から見ればけしからぬ浮気の手管《てくだ》であったりするのである。

井上陽水や寺尾聰が、サングラスをはずせない悲しーい理由

帽子を目深《まぶか》にかぶって、こちらをうかがうというのも「安全な参加」のひとつである（①、②）。夜目、遠目、笠の内、帽子の陰では、女はひかえめに見えるのだ。そのひかえめさが、男の心をかき立てる。

サングラスという小道具も、「こちらからは見たいが、あちらからは見られたくない」という現代人のピーピングトム的心理にはぴったりの発明品だ（④、⑤）。他人と話すときはサングラスをはずさないと失礼になるというのは、サングラスが「半身《はんみ》で参加する」姿勢を表わしているために、コミュニケーションの相手に対してフェアじゃないからだ。

それでは室内でも夜間でも、サングラスをはずさないで話をするやつは、図々しいやつかというと、そうでもない。経験的に言うと、ヒゲ面《づら》、サングラスの男で、臆面《おくめん》もなく図々しい男には、お目にかかったことがない。

なにしろ、サングラスは都会派の逃避信号なのだから、彼らはたいていやさしくて、気の弱い男たちだ。ちなみに宇崎竜童《うざきりゅうどう》クンと井上陽水《いのうえようすい》クン、そして寺尾聰《てらおあきら》クンの、サングラ

①

スをはずした顔を見てごらんなさい。気の弱そうな間抜け面が現われるに決まっている。

小道具が何もなければ、洋服の衿《えり》を立てる。それもなければ髪の毛を利用する(③)。女のヘアスタイルはなかなか便利な代物《しろもの》だ。つごうが悪いときには、簡易携帯ブラインドになる。アップやショートカットが晴れがましいのは、逃げも隠れもできないヘアスタイルだからだろう。ロングヘアは、たいがいいっぽうに流すが、学生のなかに、ゼミのときいつも教師の側に長い髪を向けるようにして座る女の子がいた。その意図を、彼女が自覚しているかどうかは、定かでなかった。あるときそのことを本人に指摘すると、

②

次回から彼女は、顔の反対側を見せる席に座るようになった。また、別な女の子は、とうとう髪をショートカットにしてしまった。どのみちこの子たちも「逃げも隠れもできない」世間に立ち向かっていかなければならないのだから、それを自覚してもらうほうがよいのだ、と私は自分をなぐさめた。

髪の毛だって、人体にとってはアクセサリー(付属品)だ。それも使えなくて、ないない尽くしの場合には、背や肩が最後の遮蔽幕になる。女性は、いっぽうの肩をそびやかして、それをついたてにこちらを横目でうかがうようなポーズをとる。都会に生きる知的な女をターゲットにした化粧品のシリーズがあった。その

広告のコピーに「女性の美しさは都市の一部分です」というものがあったが、写真のほうは、まったく都会的ではない、旧態依然たるものだ。もっとも都会派はいまや、男も女も現実逃避の「降りズム」を志向している、というのなら話は別だが。

「しぐさの文法」を知っていると、相手が自覚しないで発信する「ことばによらないメッセージ」を読みとることができる。なかなか口を開こうとしない患者や、自己表現がうまくできない相談者を相手にするのが専門のカウンセラーは、「ことばにならないメッセージ」をよく知っていて、実際に利用している。

たとえば、患者が最初にカウンセリングルームにはいってくるときの、距離のとりかたがある。位置関係である。机をはさんで対面するのは調書をとる検察官と犯罪者の関係だ。カウンセリングには、机という遮蔽物をとっ払ったほうがいい。椅子をひとつだけ、机の角をはさんで斜めに置くことにすれば、患者はいやでもそこに座らざるをえないから、身体距離は小さくなる。

けれども、これも注意深くやらないといけない。場合によっては、いくらかの遮蔽物を残しておくほうが、相手によってはよい場合もある。相手を無防備にしすぎても逆効果だ。エドワード・ホールは、こうした身体空間のメッセージを「沈黙のことば」と呼んだ。

⑤

「人間にとって、もっとも恐るべき動物は人間である」とは、よく言われることだ。だからこそ、ほどのよい空間や隠れ場所が、どうしても必要になってくるし、沈黙のことばが生まれてくるわけである。

　動物行動学のほうでは、早くから「逃走距離」の現象が注目されてきた。たとえば、シマウマにとって、ライオンは見るも恐ろしい天敵だが、ライオンの姿さえ見たら逃げだす、というわけではない。ある一定の距離にライオンがはいってきたときに、はじめて逃避の行動を起こす。それも脱兎《だっと》のごとく逃走するのではなく、ライオンの動きに合わせて距離を保つ程度に行動する。そして、ライオンが明らかに自分というごちそう目がけて走ってきたときだけ、全速力で走りだすという。

　そのライオンも、人間には一目《いちもく》置いているらしく、人間との一定の逃走距離を保とうとする。サーカスのライオン使いは、この逃走距離を逆に利用しているわけだ。ところが、この逃走距離を踏み越えて近づくと、逃げ場を失って絶望的になったライオンが、窮鼠《きゅうそ》猫を噛むの勢いで人間に襲いかかったりする。何ごとにつけ、ほどのよいのがいちばんであるらしいのは、男女の仲だけではなさそうだ。

女と「四六のガマ」と「目黒エンペラー」には、鏡がついてまわる

日常生活の中で私たちは、よほど親しい間柄でもないかぎり、相手のからだにみだりに手を触れることは、タブーとされている。初対面の人が、いきなりこちらの腕や肩や背中に触れてきたとしたら、相手がどんな美男(ないしは美女)であろうと、ちょっとおかしいんじゃなかろうか、と思うのがふつうだ。ましてや、満員電車の中で見ず知らずの女の子のおしりをさわったりしたら、まさしくタッチ・アウト。お手々がうしろにまわりかねない。

しかし、これが仲のよい同士なら話は別だ。あいさつがわりに相手の肩をポンとたたいたり、恋人同士なら、そっと相手の手に触れたりしても、その相手からいやな顔をされることはない。もっとも、ふだんはニガ虫を嚙みつぶしたような上役が、ニコニコしながらポンと肩をたたきにきたら、首のあたりが涼しくなる。これ見よがしの男女のいちゃつきにも、見ているほうでは腹が立つが(東海林《しょうじ》さだおの世界だなあ、これ)。

相手のからだに手を触れるという行動は、霊長類に共通したコミュニケーションの手段である。サルやチンパンジーの毛づくろいもその一つで、おたがいの親密感を無言のうちに語っている。けれども、それには約束がある。下位の者が、許可なく上位の者に毛づくろいすることは許されないし、仲間うちでも、相手がその気にならなければ、毛づくろいをしてもらえない。
逆に、ボスといえども場合によっては、下位の者に毛づくろいをしてやらなければならない事情も生じる。毛づくろいとい

②

うタッチは、サルやチンパンジーの社会的な絆《きずな》を維持する重要なコミュニケーションなのだ。

人間の世界でも、こうしたコミュニケーションの方法の名残りが存在している。たとえば、子どもをほめるとき頭をなでるのもそれだし、ホームランを打った野球の選手が、味方の選手から頭をポンポンたたかれるのも、少々荒っぽいが同じ現象だ。

ところが、そのタッチによるコミュニケーションを、ほかならぬ自分自身に向ける人間がいる。すなわち、セルフタッチである。たとえば、他人としゃべりながら、自分の袖口をひっきりなしにつまんだり、衣服の端をいじくったりするくせの人。これは、相手とコミュニケーションをしながら、そのじつ別なところでは、セルフコミュニケーションをしている信号だ。彼あるいは彼女は、その会話から身を退《ひ》きたがっている。見合いの席で、畳に「の」の字を書く女性と同じ心理である。

セルフタッチは、「逃げ」の信号だけではない。場合によっては、まわりとのコミュニケーションを断つことによって、自閉的なナルシシズムの世界にひたるためにも用いられる。そのもっとも典型的な例が、マスターベーションである。マスターベーションは、他者との関係のないところで、理想化した自己と自己とが戯れあうことだ。けれども、理想化した自己は、またたく間に現実に直面して崩壊する。マスターベーションの不全感のよってきたるところは、この点ではないだろうか。

マスターベーションほど極端ではないが、ナルシシズムの発露としてのセ

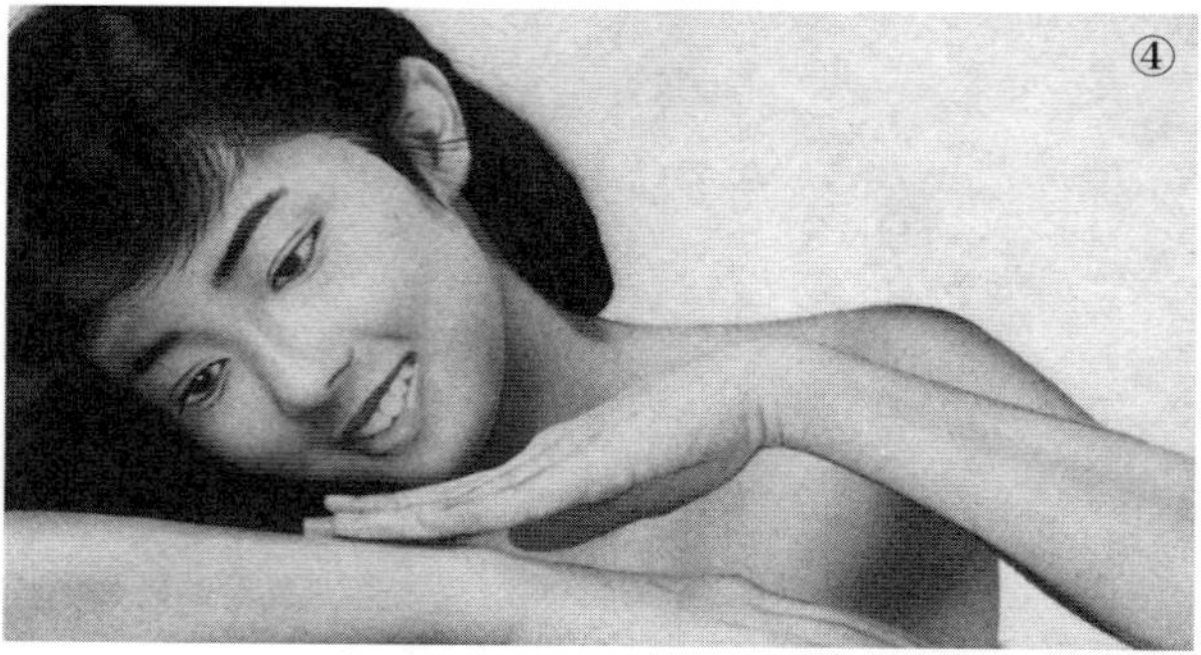

ルフタッチは、日常生活のいろいろな場面に登場する。とくに、女性のひそやかなセルフタッチは、意味深長である。それは、女がタッチする女のからだ自体が、いかに繊細で高貴で、傷つきやすいものであることかを、自分で確認しているしぐさなのだ(①)。

女は自分の肌にいとおしげに触れる。あるいは髪や、さもなければ自分の衣服に触れる(①、③、④)。触れながら、ことばにならないことばで、女はこうもささやいている。

「ほら、ここに、こんなはかなくも貴重なものがあるのに、なぜあなたは手を出さないの?」

と。

この構図が、どんな男にとっても、そしてそれゆえに女にとっても、けっして不愉快なものでないことは、広告の中にひんぱんに使われることでうなずける。そこでは、女性のからだの代わりに商品が出てきて、そ

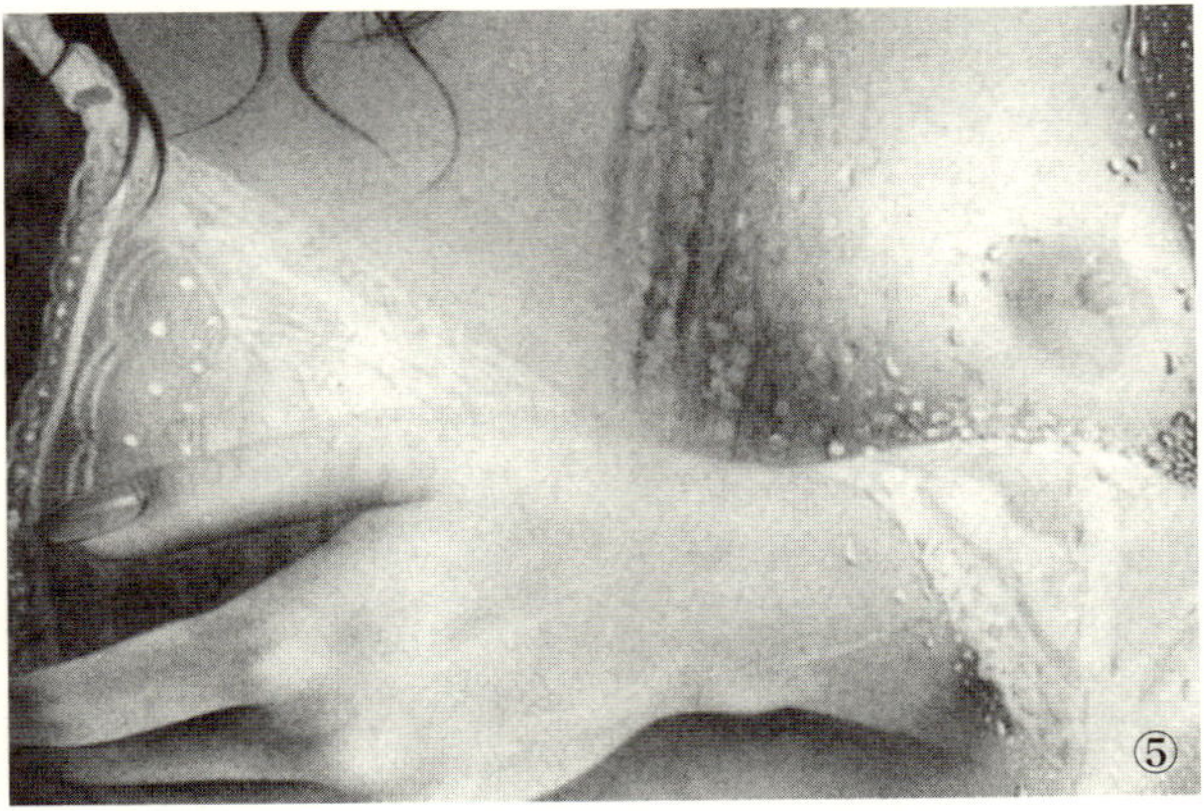
⑤

れに女の手がそっと添えられている。

たとえば、女のタッチがひんぱんに使われるのは、香水の広告だ。香りという実体のないこわれやすいものと、その香りをつける女性の、同じようにあやうい繊細さとを、同時に暗示しているのである(②)。

ところで、同じタッチでも、男のタッチとなると、メッセージの内容がぜんぜん違う。男のそれは、触れたものの操作性や頑丈《がんじょう》さを示す。男のタッチは、つかみ、握り、支え、操作する、力強い手、働く手だ。女のタッチは、いわばタッチのためのタッチだ。ゴフマンは、女性的なタッチを「儀礼的なタッチ」と呼んだ。

女のセルフタッチは、ほんらいタッチのためのタッチだが、これに機能的な動きが加わると、なでさすり、塗りたくり、磨きたてる手の動きとなる。女は頭のてっぺんから足のつま先まで、自分を磨きあげる(④)。

こんなふうに磨きたてて、女はいったいどうするのか。もちろん、男のタッチを待っているのである。ある化粧品の広告に、「美しくなっておきます。まだ見ぬ君よ」とあったが、女が化粧することの意味を、これほど的確に表現したものはない。いとおしげに自分の乳房に添えられた手。男が見たら、はっとするほどセクシーだ。まるでその手が、「これほど入念に手入れし、シェイプアップした美しい乳房は、ほかでもない、男であるあなたに触れてもらいたいのです」と語っているかのようだ(⑤)。

さっきも述べたように、セルフタッチによる自分とのコミュニケーションには、マスターベーションに通じる意味がある。「まだ見ぬ君」がいないばっかりに、美女がマスターベーションをしている――ああ、もったいないと男がため息をつくというしかけだ。

しかし、ふむふむなるほど、そういうしかけだったのか、と納得してもらっただけではちと困る。考えてほしい。この化粧品を買うのは女だ。その女性が、同性から熱きメッセージを受けとっても、効果はないはずである。

そこで思い出していただきたい。この本の最初のところで、女が女を見る目は、男の目になっている、あるいはならされている、と述べたことを。女とはまさに、そういうしかけの中に生き、生かされている。同じしかけでも、こっちのしかけに気づいてほしい。もっとも、そのしかけ自体が、女にとってつごうがわるいものなのか、それともとっても居ごこちよいものなのか、それを決めるのは女次第だが(男にとっては、つごうがよいに決まっている)。

セルフタッチにまえで述べたからだをさまざまに交差させるしぐさが結びつくと、自分自身を囲いこむかたちになる。たとえば、髪に触れるときも、反対側の手でクロスするようにして触れると女らしく見える。それは、セルフタッチに防衛的なメッセージが加わるために、男たちが、ますます囲みの向こうにある宝物の貴重さに心をそそられるからである。

さらに、両手でたがいにセルフタッチをすると、囲いこみは完成する。彼女は自分だけの世界に閉じこもってしまう。

ところで、よく話をしながら両手を組んだり、極端な場合にはもみ手をしたりする人がいる。そんなとき、その人に対して、なんとなく信用がおけないとか、話に身がはいっていないのでは、などと感じたりすることがある。なぜかといえば、相手が、こちらとのコミュニケーションと、自分自身とのコミュニケーションという二重の回路に同時に関与するため、そのあいだに落差があるように思えてしまうからだ。

⑥

つまり、相手の言っていることと感じていることが、違うように思えるのだ。だから、もみ手をしながら「よくお似合いですよ、奥さま」と言う店員は、内心では「何を着たって同じだよ。めんどうかけずにさっさと決めやがれ」と思っているのかもしれない。彼は自分の精神衛生のために、セルフコミュニケーションの回路を確保しておく必要があるのだろう。

セルフコミュニケーションの基本となるしぐさは、両手の相互タッチである。だが、そのあいだにものがはさまってても同じことだ。ハンドバッグ、ハンカチーフ、鉛筆などがあいだにはいることもある(⑥)。男の場合にはよく見かける光景として、火をつけていないタバコをいじくりまわして、葉をボロボロこぼしてしまうなどというのもある。

しかし、もっとも典型的なものは、なんといっても鏡である。鏡を手に持った女性は、セルフコミュニケーションが、「鏡の中の自分自身」とのコミュニケーションであること

⑦

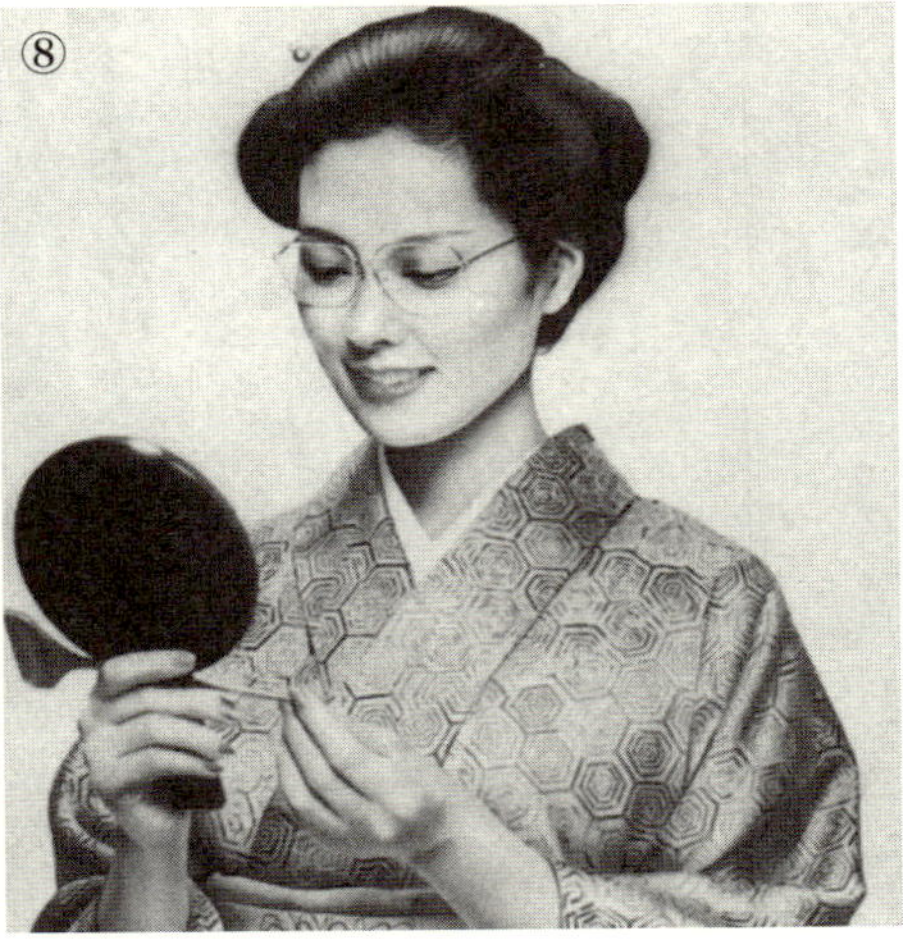

⑧

を何よりも的確に表わしている(⑦、⑧)。鏡に映った自分とのコミュニケーション——これはナルシシズムの極致である。女性はうっとりと自分自身に見惚れる。

古今、洋の東西を問わず、女と鏡は、切っても切れない関係にある。口さがない男性連中は、よくあんな顔を一日に何回も平気で見てられるものだ、などとふしぎがる。にもかかわらず、女は鏡をしょっちゅうのぞくことで、「見られる自分」に過度に敏感になる。女のセルフイメージは、いつも「他人から見た自分」だからである。

ある女性作家は、自分と家族のありかたが、よそ目のない暮らしの中でだらしなくなるのを嫌って、家族がもっともひんぱんに通る場所に、大きな等身大の鏡を置いているという。鏡は、家の中に持ちこまれた「他人の目」であり、それを意識して、シャンとせよ、という自戒なのだ、と彼女は言う。

この女性は、自分の私的な経験をマスメディアにのせることで売り出してきた、当世ふうの「私生活」作家だ。彼女は自分の私的な経験を、そのつど「世間の目」で確認してもらうことによって、自分のアイデンティティを保証してきた。「家の中の大きな鏡」は、見られることによってしか存在できない人間の、悲しいシンボルだ。

けれど、この作家ばかりではない。鏡をのぞかずにはいられない女性は、誰でも、見られる(ことに男に)ことによってしか存在を保証されない、あわれな存在だと言える。ナルシシズムは、「他人の目」によってしか成り立たない、というパラドックス。鏡は、「他人の目」もっとはっきり言えば、「男の目」を内面化した存在だ。女は、鏡の中の自分がみごとにブラッシュアップされた姿を見て、にっこりほほえむ。それは、男の目から見て自分がどう見えるか、を確認する作業なのだ。

ちかごろのインテリア・ブームも、同じことが言える。狭い部屋を、レースのカーテンや観葉植物、アンティック家具などで飾り立て、その中に一人身を横たえた女は何を想うか。第三者には見えない「すてきなお部屋」の中の自分を、内面化した社会の目(それはもちろん男性社会の目だ)でうっとりと眺めているのである。

新郎がうつむき、花嫁が来賓席をじろじろ眺めまわす時代が、すぐそこまで来ている!!

アメリカの科学者が行なった実験によると、赤ん坊は、生後七週目ごろから、まわりにいるおとなの目に対して視線を集中させるという。しかも、このときおとなが話しかけると、赤ん坊の視線は、口にではなく、さらに強く目に向けられるそうだ。

人間の場合、生まれながらにして、目は口ほどにものを言っている。愛し合う男と女には、言葉はいらないというものだ。視線の交わりだけで十分である。

だから、当然のこととして、セルフコミュニケーションには、しぐさ以外に視線が重要な働きをする。典型的な例は、視線を相手からそらすことだ。「目は心の窓」と言うがごとく、これは自分だけの世界に逃避することを意味している。

視線といえば、日本では伝統的に、花嫁は目を伏せていなければならないとされている(①)。もし、花嫁が、ランランとした目つきで、新郎や媒酌人《ばいしゃくにん》や客をながめたりしたら、つつしみのないお嫁さんだと、まわりからひんしゅくを買ってしまう。そのうえ、ごてい

①

ねいなことに角隠《つのかく》しなんてものまであって、十重《とえ》二十重《はたえ》に花嫁さんを隠してくれる。

また、ひとむかしまえまでの日本では、男たちのあいだでも、相手の顔を見ないで話すことがよしとされた。これに対して欧米では、まえにも述べたように、相手の目を見て話すのが正しいマナーとされる。この点を比べてみても、日本文化全体が、欧米よりも「女っぽい」ということができよう。

松島トモ子という女優さんを覚えているだろうか。彼女のような大きな目は、こうした日本文化の中では、かわいこぶりっ子をするにはつごうがよいが、女っぽい演技をするには損である。現に彼女は、子役タレントからの脱皮に、とうとう失敗してしまった。

だから、切れ長の一重まぶたをもった女性

がぱっちりした二重まぶたに憧れる必要はないのだ。おとなの色気を演出するには、そのほうがつごうがよいからである(②、③)。

とはいえ、うつろにさまよう女たちの視線を見ていると、どれもこれもが現実逃避の麻薬患者に思えてくる。女たちを現実から切り離して、個人の内面へと押しこめてしまう社会が、彼女たちの視線をうつろにするのだろうか。

もっとも、最近では逆転したケースもある。女が男をひたと見すえているのに、男はといえば、迷惑そうに視線をそらしているのだ(④)。これまで、あらぬほうをながめる女と、その女を見守る男、というのがお決まりのパターンだったのに……。

これは、現代の男たちが、女から逃げたがっているしるしなのかもしれない(この点についてはつぎの第五章でくわしく見たい)。

文化のユニセックス化には、女性の男性化と、男性の女性化という二つの道がある。いまは、男性の女性化が進行しているに違いない。いずれにせよ、若い男女は、ますます現実逃避の麻薬患者の目に近くなっていくのである。

ポケットに手を突っこむスタイルは、じつはマスターベーションの代用である

いままで、この本のあちこちで、手は口や目ほどにものを言うことを見てきた。手は、言語を使わないコミュニケーションにとって、欠かすことのできない道具である。ところが人間は、そのたいせつな道具を隠してしまうポーズを、しばしば見せる。ポケットに手を突っこむ、というしぐさがそれだ(①)。そこで、つぎの質問について、ちょっと考えていただきたい。

質問1・新入社員が、先輩の指示を聞くとき、ポケットに手を突っこんでいると、なまいきなやつと思われる。反対に、かっぷくのいい重役さんが、部下を激励したりするとき、片手をポケットに入れていると、なんとなく頼もしげに見える。それはなぜでしょう。

質問2・ヤクザのお兄さんたちが歩くときに好むスタイルは、猫背で両手をポケットに突っこむスタイル。なぜあれがお気に入りなのでしょう。

さて、それでは答え。ポケットに手を突っこむしぐさが意味するのは、つぎのとおり。

①

腕《アーム》が武器《アーム》の原型であることはさきに書いた。その腕をポケットに突っこむということは、それを攻撃の武器としても防御の手段としても、使えない、使う意志のないことを意味する。これは状況に対して無防備になると同時に、状況への参加から降りていることを示している。新入社員がポケットに手を突っこんだスタイルは、「私はあなたの話なんか、マジに聞いちゃいませんよ」と、言外で言っていることになる。それは同時に、現実逃避型

の、半身《はんみ》の姿勢をも示している。ヤクザのお兄さんたちは、あのスタイルで、「おてんと様に背を向けて歩く、はんぱものでござんすヨ」と言って歩いているのだ。

そこで、レジャーに関係した広告には、しばしばポケットスタイルが使われる。余暇とは、仕事から降りて、ぼけっとした状態だからである(②)。

この意味あいが積極的になると、こんどは「この程度の話は半身でもこなせるほど、自分が高い能力を持っている」ことを、アピールすることになる。大学教授などで、むずかしい問題を片手をポケットにすらすら解いてみせる、なんてキザな人もいらっしゃるようだ。

女は、男より逃避的であることを期待される。だが最近では、女ばかりか男までもが、ポケットに手を突っこんだ逃避的なスタイルで現われる(③)。その典型が、高倉健《たかくらけん》さんだ(④)。健さんは内省的で内向的な男の代表株だが、彼がポケットに手を突っこみ、くれなずむ平原の一角にたたずむと、都会の喧噪《けんそう》を逃れた男の孤独が、さまになる。事実、彼のこのごろの映画の役割は、このてのものばかりである。

似たような構図は、くりかえし現われる。ポケットに手を突っこむしぐさ、帽子やサングラスという小道具、そのうえ背を向けていれば、文字どおり「現実から背を向けた」男のイメージはきまりすぎるほどきまってしまう。

ポケットに手を突っこむというのもセルフコミュニケーションの一種だが、セルフコミュニケーションの極致はマスターベーションだ。そして、マスターベーションは、男性にとって女性恐怖や女性嫌悪の現われであることもある。このことからすれば、ポケットに手を突っこむことで、男たちが逃れたがっているのは、現実なんてものではなくて、じつはうとましき女たちからなのかもしれない。

5

女は、ここまで「できあがって」いる

男の自尊心が裸のミノムシにされそうな、きつーい時代の到来

これからは、聡明な女も
セックス上手でなければやっていけない!?

タブチくんこと田淵幸一といえば、人も知るプロ野球の強打者だが、彼の「離婚のされかた」には、少々同情を禁じえないものがあった。いままでの週刊誌ふうのパターンでいけば、男が、

「おたがいのために別れたほうがよいと考えて……」

などとうそぶくはずだった。そのいっぽう、女は、

「彼を奪ったオンナが憎い！」

と、ハンカチを噛んでみせなければならなかった。ところが、報道のされかたは逆のようで、どうやらタブチくんが被害者で、ヒロコ夫人が加害者のごとくなのである。男のほうは、涙ながらに妻の不実をなじり、女のほうは、けろりとして実名小説などをマスコミに発表したりするというわけだ。

気をつけてみると、最近このての男女のトラブルが、けっこう目につく。テレビの画面

①

では中年の男性が、背中に子どもをくくりつけて、逃げた女房に帰っておくれと嘆願する。「愛情問題」が発覚したとたん、男がひたすらすみませんを連発するかたわらで、記者団を相手に平然と、「この人は、私の人生のこやしです」と言ってのける女性タレントもいる。

もちろん、こんなことがマスコミの話題になるのも、まだまだめずらしい現象、稀少価値だからであって、ほんとのところ、大多数の場合は女が泣かされているのだろう。しかし、男はあくまで強く、女はあくまで弱いとされていた時代だったら、こんな話は表ざたにならなかったはずだ。なにしろ、ジャーナリズムの中心部分は男たちによって占められており、男が女に泣かされた事件など、男のプライドにかけても報道できなかっただろうから(ちなみに言えば、この本の編集者だって男たちである。男につごうのいいことを書かせようとするあの手この手の謀略に、私はひとりで立ち向かわなければならぬ。女はつらいよ!)。

そのあたりのことを勘案してみると、やはり女は少し強くなってきた。少なくとも、以前ほど男の前で小さくならずにすむようになってきたと言える。広告写真の中でも、男は強く、女はか弱いという従来のパターンが、崩れはじめた。女たちは、防衛や逃避から攻勢に転じてきている。手をひろげ、肩を怒らせ、肘《ひじ》をはって、上体を大きく見せる威嚇や

誇示の姿勢を見せる女が目立つのだ(①)。これも女が強くなったことの反映といえよう。だが、事情はそれほど単純ではない。たしかに、攻撃や威嚇のメッセージが目立つようにはなった。しかし、それだけでは、まだまだ男の強烈な攻撃性を誘発しかねない。そこで、どこかで、逃避や防衛に結びついた「女らしさ」を確保しておかなければならない。この矛盾《むじゅん》した二つの要請にこたえて、女はいかにもアンバランスで矛盾した姿勢をとる。たとえば上半身は攻撃姿勢、下半身は足を曲げた防衛姿勢とか(①)、左半身では自信を誇示し、右半身では腕でからだをカバーしてひかえめさを表わす(②)、といったぐあいだ。この中途はんぱなメッセージを、「半攻撃―半防衛」と名づけよう。

このアンバランスは、もちろん意図されたものである。男性たちが女をちやほやしてくれるのは、女がまだ十分にライバルとして成長していないあいだだけだ。女たちが男に敵対しうるほど力をつけてきたら、男どもはあっという間に鉄壁の

同盟を結んで、女たちをはじきとばす。

　このことは、職場である程度能力を発揮している女性なら、たいがい味わっている。男たちは、ほんとうは、女に対して以上に、同性の仲間に対して仁義が厚いのだ。仲間の不品行がその奥さんにばれないよう、水ももらさぬ連係プレーをやってのけるなど、洋の東西古今を問わず、男がもっとも得意とするところである。

　この厚い仁義に結ばれ、強固な連帯を誇る男性社会に、強くなった女たちが、さらに積極的に食いこんでいくには、男たちの攻撃性をなだめすかすために、適度な性的メッセージを利用するという手段がある。もちろんそれには、そこはかとない異性の匂いを漂わせる方法から、体当たりのセックス・サービスに至るまでの段階がある。

　アメリカのキャリアウーマンたちは、ボスがポストをエサに肉体の提供を求めることを告発しはじめたが、逆に彼女たちが、肉体をエサにポストを得てきた事実だってないとは言えない。

キャリアウーマンたちは、もはや男に対して、しりごみやはにかみのような服従のメッセージを送らない。そんなことをすれば、仕事が「できる女」のイメージを傷つけるからだ。そのかわり、かえって外見上の女っぽさにこだわる。彼女らは豊かなブロンドをカールし、マニキュアをし、性的な魅力を強調したドレスを着る(③)。ニューヨークのエグゼクティブ・ウーマンのユニフォームは、上質なスカートスーツだ。パンツスーツは、二流のキャリアを表わす、と彼女たちはきっぱり言う。

女っぽさと女らしさは、ちと違う。女らしさは、服従に結びついているが、女っぽさはかならずしもそうではない。しかし、女っぽさが性的メッセージと結びついていることは、はっきりしている。彼女たちは、性的なメッセージが、ビジネスに多少なりとも有利に働くことを自覚しているのだ。日本でも事情は変わらない。職場で化粧している女性のほうが、化粧していない女性よりも、有能だというデータもあがっているくらいだ。

ひとむかしまえ、日本の企業における「できる女」は、判で押したように、地味なスーツで身を固め、彼女たちの「性」をひた隠しにした。いわば、女でありながら男っぽく演技することで、男性社会の中に辛うじて足場を維持してきた。この程度のことなら、男の側から見ればまあ許せる現象だったのだ。

ところがここにきて、女たちはその「牝性《ひんせい》」(品性ではありません)を武器に、男と勝負に出ようというのである。これは男にとって、きわめて由々《ゆゆ》しき事態であるはずだ。なぜなら、それは男の優位性を根本から危うくするものだからである。はたして男たちは、この事態をただ指をくわえて容認するだろうか。たぶん、男はそれほど甘くはない。いくら現代の男どもが、指しゃぶりに固執する口唇期へと退行しているとはいえ、だ。

女たちは「メンタン切って」、男たちに「タイマンはりましょ」と言いたいのだ

まえのところで、「半攻撃―半防衛」姿勢は、強くなりかけた女の、中途はんぱなポーズではないか、と指摘しておいた。それでは、女たちはいずれ、こんなあいまいな逡巡《しゅんじゅん》を振り切って、本格的に攻撃に転ずるのだろうか。

この問いに答えるまえに、女たちの攻撃が何に対するものかを考えてみよう。

女たちは挑みかかる。もちろん男に対してだが、それはどこまでも性的な挑みかけなのである。たとえば、バッキンガム宮殿の衛兵さんの前に、下着姿の女性がいたずらっぽそうな目つきで立っている広告がある。コピーは「どう変えましょう、次のシーン」というものである。バッキンガムの衛兵さんは、職業的な謹厳実直さで知られていて、くすぐっても笑わないことで有名である(最近は、エリザベス女王の寝室に男が侵入した事件で、少々名を落としているようだが)。下着姿の上に直接コートをはおっただけのこの女性は、くるりとうしろをふり向いて、衛兵さんを挑発しようというのだ。そしてこの挑発は、あ

くまで性的なものである。

　これからもわかるように、「強くなった女たち」は、男まさりになったわけではない。男まさりというのは、頭やからだ、あるいは心が、男のそれを上まわっている女のことである。これは、男からみれば脅威的存在だ。しかし、いまのところは「強い女」は、たんに性的に積極的になっただけにすぎない。男にとってこんなうまい話があるだろうか。

　シティボーイがシティギャルと別れるときは、「おたがいに五分五分さ。キミだって楽しんだだろう」とうそぶく。人類史はじまって以来、男たちは、乗り逃げの口実のあの手この手を考えてきた。精神分析の岸田秀《きしだしゅう》さんによれば、売春は、乗り逃げを貨幣で贖罪《しょくざい》しようとした男の発明品だそうだ。支払いがキヨメ祓《ハラ》うことに通じることは、経済人類学者の栗本慎一郎《くりもとしんいちろう》さんも請けあっている。それがいまや、女が強くなったおかげで、ただになるというのだ。

男に対して、性的な挑発をしかけてくる女は、男にとってはつごうがいい。自分のほうから手間ひまかけずとも、「飛んで手に入るいい女」が、棚からボタもちのように降ってくるというのだから。

三十歳をすぎたある男性は、「どんなブスでもいい、おれがあれこれサービスせんかて、自分のほうからやってくれる女がいちばんや」としみじみ述懐していた。そう考えると、「強い女」のイメージだって、あいかわらず、つごうのよい女性像をおしつけられることになっていく危険性が大いにある。

ともあれ、女は攻撃的になった。そのひとつの現われは、女がよく「にらむ」ことである。餌づけされた野生のサルを見学するときには、「サルの目をまともに見ないように」と注意を受ける。こちらに敵意はなくても、サルのほうがガンをつけられたものと思いこみ、逆襲をしかけてくるからだ。サルとヒトの関係だって、にらむことはメンタン切ってけんかを売る攻撃的態度になる。ヒトとヒトの関係では言うに及ばず、にらむのは視線に

②

よる攻撃を意味する。

この「にらむ女」が広告の世界でにらみを効かせはじめたのは、ここ数年のことである(①)。それまでは、たとえ女がこちらをひたと直視していても、かならず口もとはほころび、ほほえみかけるのが定石だった。ほほえみや笑いは、媚《こ》びの表情だ。笑わなくなった女は、つまり媚びることをやめた女ということになる。そしてさらに、積極的ににらむ女が登場した背景には、七〇年代後半の、社会的に強くなった女があった。

それまで女たちは、攻撃の姿勢を表わすのに、せいぜい「うらむ」か「すねる」ぐらいしか表現の方法を持たなかった。女性歌手の演歌が、「怨歌《えんか》」などと呼ばれ、藤圭子《ふじけいこ》のような暗い生い立ちを売り物にした歌手が、五木《いつき》寛之《ひろゆき》さんをはじめとする文化人センセイから、「日本人の心を歌っている」などともてはやされたものである(ただ、藤圭子本人は、マスコミが作り上げたイメージとはうらはらに、けっこう人生をお楽しみのようだったが……)。

だが、「うらむ」というのは、仕返しの能力のない弱者が、強者に示す敵意の表現にすぎない。かつて水俣《みなまた》病の患者さんたちが、「怨」と書きしるしたむしろ旗を掲げてチッソ工場に押しかけた姿は、象徴的であった。

これに対して、「にらむ」という行為は、積極的な攻撃を意味している。

しかし、にらまれているだけなら、べつだん痛くも痒《かゆ》くもない。視線による攻撃は、あくまで視線だけによるもので、それを「痛いほど」感じたところで、別にあざができるわ

けでもない。

だから、にらむ女たちを注意深く観察してみると、視線の高さに共通点のあることがわかる(③、④)。上目づかいなのである。つまり、それは劣位者から優位者への攻撃の表現であり、どのみち手出しにまで至らない程度のものなのである。

顔だけでなく、上半身が写っている場合には、目ではにらんでも、しぐさのほうは、腕を組むなどの防衛姿勢をとっている場合が、圧倒的に多い(②)。

「にらむ」女は、たんに「笑わない」だけの女とは違う。「にらむ」というのは、彼女たちからの熱いラブ・メッセージなのだ。にらむ女は、うつむく女や流し目の女のように、媚びたりはしない。また、うつむく女のように、男が手出しをするのを待っているだけの存在でもない。にらむ女は、男と視線が合いさえすれば、男の性的誘いかけをいつでも受けて立つ用意がある。関係を持とう、持ちたいという願望を隠そうともしないで……。

「男が出るか、女が出るか」
——性の自由競争に勝ち残るのは誰か

アメリカの女の子たちは、遅れてる、と言われたくないばっかりに、したくもないセックスまで受け入れねばならない。「キミ、ピルのんでる？」が、男の子から女の子へのあいさつことばだ。のんでなければ、遅れてると言われてしまう。のんでいれば、ベッド・インを断わる理由は何もない。女たちは「性的に自立した女」を演じるために、フリーセックスを強制される。だから、ピルの解禁がもたらすのは、男のユートピアだという説がある。

むかしから男たちは、セックスの結果に無責任になれるこの日を、どんなに待ちこがれていたことか。日本でもつい最近までは、しろうと娘に手を出せば、それが結婚の約束手形、みたいな重荷がつきまとっていた。外国でも事情は似たようなものだ。よく、「その国を知ろうと思ったら、その国の女を抱いてみなきゃわかりませんよ」と、したり顔でぬかすやつがいる。イエス、と同意してもよい。だが、くろうとの女を

お金を払って抱いて、それで「下半身で国際親善を果たしてきました」などと豪語してもらいたくないものだ。おたく、しろうとのご婦人とタダでやらせてもらえなかったくせに、でかい口をきくんじゃねえや、とタンカの一つも切りたくなる。

フィリピンで、インドで、韓国で、「その国を知りたい」ばかりに、しろうとの女性に手を出したが最後、まず確実に結婚という名のお代を払わなければならなくなる。よいことはお代を払ってするものだという掟《おきて》は、万国共通だ。性と結婚に関する社会的制度は、それほどまでに、国境を越えて男を縛ってきたのだ。

そもそも、人間には、しろうと、くろうとの区別はない。くろうと男、しろうと男なんて、聞いたことがあるだろうか。それなのに、どうして女にはしろうと、くろうとの別があるのだろう。その答えは、これまでこの本を読んできた読者には、すでにおわかりだと思うが、それがいまや、しろうとさんのほうから、結婚というお代を払わなくてもいいわよ、と言いだしたのである(くろうとさんのほうは、あいかわらずタダ乗りはご法度《はっと》で、これをやると、顔に傷のある、こわいお兄さんなんかが出てくることになっている)。

こいつは、男にしてみたら笑いがとまらないではないか。こんなうまい話には慣れていないから、「えっ、ほんとにいいの」なんて、あさましく奮い立ってもふしぎではない。

アメリカの状況はこれよりずっと先まで行っている。竹村健一《たけむらけんいち》さんが訳したローレンス・エドワーズというスウィンガーの告白(『性の漂泊者』)によると、これからの時代は、女たちも、断わられる用意が必要になるそうだ。性が自由化して日が浅いうちは、男たちは「タダになるセックス」に有頂天になる。だから、女は、自分がその気になりさえすれば男はいつでもOKだと思っている。

しかし、いつまでもそうは問屋が卸さない。男だって「気分じゃない」ときや、「タダだってお断わり」の場合もあるのだ。これは、女にとってはショックである。男たちは、むかしから断わられるのに慣れてきた。だから、断わられたときに、立ち直る訓練ができている。

②

ところが、自分から迫ることをはじめて覚えた女たちは、断わられるのに慣れていない。だから、彼女たちは、いざ断わられたときには、手ひどく傷ついて、立ち直れなくなってしまう。エドワーズは、心から女たちのためを思って「断わられたときに立ち直る心の準備をしておきなさい」とアドバイスしているのだ。

フリーセックスといえば、男も女も、これぞと思う相手と誰かれかまわず関係を持てるユートピア、と誤解されている。とんでもない話だ。これぞ、男が、結婚だとか慰謝料などの代価を払わずに、しろうと女とやるための陰謀と思ってよい。性の自由化とは、男が結婚から解放されて性を楽しむことを意味している。同性の方々よ、ゆめゆめご油断召されるな。

男のほうが「タダでもお断わり」にしたくなるほど、女たちが性的にアクティブになる社会は、男たちが待ちに待った性のユートピアのように見える(2)。だが、男たちは手放しでこの事態を喜んでよいものか？　答えはノーである。

性が自由化された社会では、男と女は、おたがいの性的パートナーを求めて性的自由競争にはいる。競争社会は、ここまできた。これまでは結婚という制度が夫と妻を、おたがいの競争相手から守ってくれていたが、これからはそういうわけにいかなくなる。

エンゲルスは、一夫一婦制を「女の世界史的勝利」と呼んだが、じつは逆で、一夫一婦制は、どのオスにもメスが一匹ずつゆきわたるという、男にとってたいへんつごうのいい制度なのである。

性的に自由化した社会では、男も女も自分の性的魅力で勝負しなければならなくなる。こんな社会で、相手に断わられたときに、自分を傷つけずに守れるのは、じつは女だけでなく、男にもきびしい課題だ。というのは、断わられた男や女は、自分の性的プライドを、根こそぎ否定されたことになるからだ。

性がほかのさまざまな社会的条件に制約されていた時代なら、もてない男は、自分がもてない理由を、カネや学歴や地位のせいにすることができた。事業や芸術に打ちこんでいるフリをして、女なんか眼中にないというポーズをとることも許された。けれど女が性的に自立すると、女がだめと言うときは、赤裸のむき出しの自分の「男」が、情け容赦なくだめと宣告されたことになる。ここから立ち直るのはむずかしい。

女が男より、断わられたことに手ひどく傷つくのは、男が女を、一般にはカネや地位や身分では選ばないからだ。顔かたちとか性的な魅力を選択の第一基準とする。だから、選ばれなかった女は深く傷つく。しかし、こんどは、男も同じラインに立たされる。男も、女と同様に、性的自由競争に裸一貫でのり出さなくてはならなくなる。

競争に勝ったやつはいい。落ちこぼれはどうすればいいのか。民主主義社会は、どこでも、競争社会の落ちこぼれのルサンチマンの処理に、頭を痛めている。競争というフェアなルールは、必然的に敗者を生むが、負けたやつが自分の負けを率直に引き受けるほど、人間の頭はフェアにできていない。かならずうらみつらみがたまる。

性的自由競争の落ちこぼれたちを、救済する手段はどこにもない。むかしならあぶれた男に親戚のおばさん連中が、よってたかって嫁さんをくっつけるという救済措置が働いたものだが、いまではそれも期待できない。となれば鬱屈《うっくつ》したルサンチマンは、攻撃衝動となって暴発する。性が自由化しても、いや、性が自由化したらなおさら、性犯罪はなくならないのだ。

最近の都市型の性犯罪は、女性一般を無差別に攻撃する凶悪なものが多い。それには、自分を相手にしない女性一般への復讐、という意味がこめられている。女でありさえすればターゲットはだれでもよいのである。地下街で無差別に女に切りつける男は、たいがい特定の女にふられたというより、女性一般とうまく関係が結べない生活歴を持っている。

だから性が自由化したら、みんないい目に会う、なんていうのは幻想だ。性が自由化したら、いい目に会うやつと会わないやつとの格差がますますはっきりするだけなのだ。こんな社会は男にとって、うまい時代というより、きつーい時代の到来を意味している(①)。

女たちはどこへ行く。そして男たちは……

女は、男に媚びるためには笑わなくなった。それどころか、性的に男を挑発するようになった。女は、たしかに強くなったといえる。その裏に、強くなったといって女自身が浮かれていられないような事情があるにせよ、男と女の関係は、たしかに変わってきている。

それでは、強くなった女たちはどこに行こうとしているのだろうか。

前田美波里《まえだびばり》や鳳蘭《おおとりらん》のような女性は、なみの男性以上のみごとな体軀を、それでもあくまでグラマラスに誇示する。それは、女性から見るとき、一種の両性具有的な理想像だ。彼女たちにとって、男は子ダネをもらいうける対象としてしか意味を持たないかのようだ。ちなみに鳳蘭さんが「子どもがほしいから結婚します」と言って結婚したのはまことに明快である。このせりふは、山口百恵が「ふつうの主婦になります」と言って結婚したのとは、大違い。もし処女生殖ができるなら、ほんとなら、女たちは男のいないアマゾネスのユートピアを作りたがっているかもしれないのだ。

女たちは、広告の中で攻撃のポーズを臆面もなくとる。女たちも、前線に立つファイタ

①

ーになってきたのだ(①)。

　では、彼女たちはだれを相手に闘うのだろうか。男と闘うのだ、という説もある。しかし、男を敵にまわしては損だ。むしろ彼女たちは、男性に代わって産業軍事社会の戦士たろうとしていると考えたほうが自然だ。女たちは、キッチン・ファイターだけであることをやめて、産業社会のファイターとして、男と戦友になろうと申し出ているわけだ。

　女が攻撃者になるという構図は新鮮だ。それは、意表をついているからこそ、人目を引く。常識の逆を行くことによって露《あら》わになるのは、男は強くて女は弱いという、隠された常識のありかたである。ともかくも、男と女の関係の逆転の構図が受けいれ

②

られ、広告として機能する時代になったのだ。

男のほうはどうか。女が強くなったのに比べて、男は相対的に弱くなったのか。

男は弱くなったのではなく、ますます横着になってきたのだと解釈することもできる。なにしろ、苦労して口説きもしないのに、女が自分から脱いでくれたら、こんなに楽なことはない。同じように、妻たちが、亭主の給料が少ないとこぼすまえに、さっさと稼ぎに出ていってくれて、生活を支える重荷を軽くしてくれたら、こんなにあんばいよいことはない。しかも、これまでの「女らしさ」を少しも失わずに、だ。

「おれや子どもに迷惑がかからない範囲で」妻の仕事を許可する。家事サービスとナイトサービスも、確保したうえで、だ。かくして妻の稼ぎによる生活水準の向上を、しっかりエンジョイする今日の亭主族は、横着モノの典型だ。

たしかに男たちは、軟弱で横着になって、自分のほうから迫ってくる楽ちんな女を求めはじめた。データを見ても、未婚の男性が結婚相手に求める資格の第一位は「しっかりした女性」というものだ。そして、「しっかり者」の嫁さんを求める男性の陰には、しっかり者のおっかさんの姿がちらちらする。息子を支配し干渉する強くて有能な母親たちと、受け身の安楽に身を委《ゆだ》ねてきた、ひよわな共通一次エリートたち。

男性たちが、母親におむつを替えてもらうように、女に射精をさせてもらいたがってるだけだとしたら、これは女たちの逆ユートピアだ。現に男たちは、受け身のセックスの味を覚えて、せっせとソープランドに通ったりしている。「男だって、されたいときもあるんですよね」とにこにこしながら、「消毒」してもらいにお風呂に行く男たち。

若い女性は、こんな夫にはすぐに幻滅するだろうから、つぎに彼女の関心と期待は、息子にふり向けられる。自分のママゴンぶりが、息子を夫と同じような軟弱で横着な男に再生産するとも知らずに。

強くて有能な女が、息子をだめにする――しかし、この状況の背後には、強くて有能な女が、母親にしかなれない社会的背景が横たわっている。性科学者の奈良林祥《ならばやしやすし》さんは、セックス・クリニックの臨床例から、息子をどうやってその母親から救い出すか、を真剣に

③

考えている。一番いいのは、母親とその夫との関係が改善されることだが、奈良林さんは、この先二十年、日本の男が変わる可能性はないと匙《さじ》を投げている。なぜかといえば、いまの女たちが軟弱に育てている息子たちは、成人すれば、当然、軟弱な夫になるからである。

だとしたら、残る唯一の方法は、女たちに仕事を与えることだ、と奈良林さんは言う。仕事を与えて、少しでも子どもから女の注意をそらすことだ、と。しかし、母子関係の状況がここまで来てることを、極楽トンボの男たちは、ちっともお気づきになっていないようだ。

とはいっても、女が変化し、それにともなって男女関係が変化しつつあることは確かである。たとえばある男性用化粧品の広告。これは「迫る女を余裕をもって受けいれている男」という構図だ。女のほうから積極的になるほどのいい男。そんな強い女に匹敵しうるほどのもっと強い男。そんな男にこそこの化粧品を使ってもらいたい、というメッセージを送っている。

だが、女としてちょいと心配なのは、こんな男性用化粧品の市場は、狭くなるいっぽうなのでは、ということだ。

あなたの周囲にいる男たちをながめてみてほしい。よほどの僥倖《ぎょうこう》にでも恵まれないかぎり、こうしたいい男なんかにお目にかかれるものではない。いい女に迫られて、おたおたと急性インポテンツになるか、余裕も何もあればこそ、ダボハゼよろしくとびついてくるか。どちらにしても、これではいい女にとっては問題外なのである。

女がアクティブになれば、男は試される。この試練に耐えて生きのびられる男たちが、一人でも多いことを、願わずにはいられない。

エピローグ——女社会は、至福の千年王国か

前章の〝迫る女と逃げ腰の男〟という構図の背後から、男社会が行きづまったから、女たちに社会的指導権《ヘゲモニー》を譲りたい、「おれたち、もう疲れたよ」という男たちのため息を聞きとられた読者も少なくないはずだ。ここまで見てきたように、女たちはそこまでできあがっているかのようにも思える。

しかし、男たちが何千年もの長きにわたって持ち続けてきたヘゲモニーを、そう簡単に手放すとは思えない。お手上げのポーズが、男たちが得意とする女たちの歓心を買うためのふりにすぎない可能性もある。また、男たちは弱さを演じてみせるほど余裕しゃくしゃくなのかもしれないし、もうつっぱる気力もなくして横着を決めこんでいるのかもしれない。解釈はさまざまだが、とりあえず、「女たちよ、あとはよろしく！」というメッセージを受けとっておくことにしよう。現に、機を見るに敏な一部の女性たちは、この機に乗じて男たちからヘゲモニーを奪還するために、「女性文化の創造へ」というスローガンを

掲げている。

しかし、これについてもあえて「しかし」と言いたい。行きづまった男社会の代わりに、女社会の原理をオールマイティだと考えるのは、ありがた迷惑な話である。「女たちよ、おれたちの代わりにやってごらん」とおためごかしに言われて、頓挫《とんざ》すれば、「なアんだ、やっぱりあんたらはそんな程度か」と言われるのが落ちだ。「そんな程度」なのは、男も女も含めて、ニンゲンというものが「そんな程度」の生きものだということだ。男にできないことは女にもできないし、逆もまた真なり、だ。だから、女を救世主みたいに持ち上げるのは、それこそ女を牛馬扱いするのと同じくらい、迷惑な話なのだ。

ところが、「女性文化の創造」をうたっている女たちの中には、男社会の弊害を、女社会こそが打ち破れると信じている人々がいる。それは、女には、男にはけっして持ちえない「特権」があるからだ、と彼女たちは言う。「母」になることである。

だから女社会とは、別名、母性社会のことでもある。父性社会の権力や効率の原理に代わって、母性社会では愛と慈《いつく》しみとが支配する。そこは戦争と災厄のないエロスの千年王国である――と彼女たちは未来図を描く。

たしかに、父性型支配と母性型支配は違う。父は力で支配するが、母は愛で支配する。「愛による支配」は、人類が何千年ものあいだ思い描いてきた至福のユートピアには違いない。そこには、争いがないかもしれない。争いのない社会とは、争いを抑圧する社会でもある。

これに対して、「力による支配」は、葛藤をいつでも潜在化させている。息子は父におさえこまれ、服従しながらも、憎しみのこもったまなざしを父に向ける。だから父性型社会では、「面従腹背」がありうるし、許される。父の権力とは、反抗的な他者を抑圧する権力なのだ。

ところが、母の権力は、「面従腹背」を許さない。愛による支配は、息子や娘たちの内面にはいりこみ、すみずみまで支配しつくそうとする。そして、母はこうささやく。

「おまえのことをおまえ以上にわかっているのは、おかあさんなのよ。だから、安心して私に身を委ねなさい」

場合によっては、息子の下半身の欲望まで面倒見てあげようというのだから、たいへんな観音さまだ。

反抗と葛藤の存在を認めず、それを抑圧する母性型支配は、父性による外面支配よりもっと怖い、内面支配の抑圧的権力だと言える。だから、少なくとも私自身は、母性社会なんて、まっぴらごめんである。そもそも、不完全な人間同士が作り上げる社会に葛藤がなくなることはないから、葛藤の存在を否認するより、葛藤を処理するルールを備えた社会のほうが、現実的だ。そう考えると、フォークランド諸島をめぐってアルゼンチンと無茶な戦争をおっぱじめたイギリスのサッチャー首相の態度は、息子に反抗されて度を失った母親のヒステリーのように思えてくる。

とはいえ、母性の持つ「慈しみ育《はぐく》む」という原理が、これまでの社会の中で軽視されてきたことは否めない。しかし、女が母になるなら、男だって父になる。人間は男も女も、オヤという存在になるわけで、女ばかりが母性を独占することはない。だから、男社会の行きづまりの打開は、女にゲタを預けてすむようなものではなく、男自身が責任をとるほかはない。というより、男と女が協力しあって、自分たちの社会を変えていくほかないことなのだ。

では、これまでの日本の社会に、父性型支配があったのか、と問われれば、これまた疑問符を打たざるをえない。いままでの日本のリーダーたちは、実はみんな、力によってではなく、愛によって支配しようとする、面倒見のいい母性型リーダーだったのではないだろうか。

日本の男たちは、育児に参加すれば、「もう一人のおかあさん」になってしまう。二人も「おかあさん」を持った子どもは、過干渉をうっとうしがるだけだ。かつて日本の特高は、国家に対する反逆者に対して、ナチのゲシュタポやソ連のゲー・ペー・ウー流の、虐殺したり粛清したりする方法の代わりに、転向の強要という、陰湿な、そして世にもまれな内面支配を強行した。天皇は、ほんとうは「おかあさん」だったのではないだろうか。そして、「できる」上司より、「面倒見のいい」上司を選り好みする日本人たちは、「おかあさん」を求め続けているのではないか。

女たちよ強くなれ。されど母は……

力には力で対抗することができる。では、愛にはどのように対抗すればいいのだろうか。いままさに、母性社会の「抑圧的寛容」の中で、息子たちは窒息しかけている。いまの若い世代を見て、だれもが例外なく指摘するのは、娘たちは生きがいいのに対し、息子たちがそろいもそろって影が薄いことだ。彼らは、さながら手のかかった幼稚園児のようにこぎれいでこざっぱりとし、小才があり、自己中心的で依存的で横着で、そして例外なく気がやさしい。この影の薄い息子たちの背後には、彼らの母親の影が、巨大に、濃厚にたちこめている。

これに対して、女の子たちは、気の弱い男の子たちが、性欲だけは一人前に持ちながら、いっこうに性的にアクティブにならないのにじれて、ますます大胆に、挑発的になっていく。気の弱い男の子と、しっかり者の女の子というカップルができあがれば、行く末は見えている。亭主にはやばやと愛想を尽かした女たちは、息子に入れあげるだろう。息子への過保護と過干渉が、自分自身の夫の雛型《ひながた》を作り上げているとも知らずに……。

自分の下半身の欲望の処理まで、おむつを換えてもらうかのように母親に委ねる息子たち。遠い日、おかあさんにからだを洗ってもらったようにソープで性器を委ねる男たち。第五章で見たように、彼らの依存性と横着さは、マスメディアに登場する男性像の中に、とっくに現われている。

ともあれ、女が強くなることはいいことだ。しかし、女が母として強くなることは、もうたくさんだ。いまさら強くならなくても、この国では昔からおかあさんは十分すぎるほど強いのである。だから、このへんで男たちが「母としての女」への依存性を断ち切って自立しなければ、対等な男と女の関係なんて、とても望めそうにもない。強い女が怖くて、おかあさんの懐ろに逃げこまずにすむほど、女たちの強さに耐えられるのか——それが、いま男たちに試されている。それは、この国の社会が成熟できるかどうかを占うカギになっているのである。

あとがき

これは私の活字になったはじめての本、つまり処女喪失作です。ひょんなことで本ができ上がるまえにアメリカへ行くことになってしまい、海の向こうから日本で自分が処女喪失するのをながめるのも楽しいものです。それもカッパという半人半獣のえたいの知れないトリックスターが、私の処女を喪失させてくれるというのですから、こんな光栄なことはありません。

ずっと社会学や人類学の領域で、いろんな仕事をやってきましたが、その中に一貫しているのは、社会に起こる現象を記号として解読する、というアプローチであることに、私はあとになって気がつきました。最近ではこういう方法を記号論と呼ぶようです。

また、私は、記号論に対する知的な関心のほかに、自分が女であることにも、並々でない情緒的な関心を持っています。最近では、「女であること」をとり扱う、女性学という学問分野も生まれてきました。この本は、私の記号論に対する知的な関心と、女性学に対する情緒的な関心とが、うまくドッキングした、記念すべき処女喪失作なのです。なにしろ、性とは、異質なものが出会う場所なのですからね。そこから生まれたコドモの出来・不出来は、読者であるあなたに判定してもらうほかありません。

記号論の分野では、私はたいがい社会の解読ゲームに嬉々《きき》としてうち興じています。概念という積み木あそびを夢中になって楽しんでいる子どものようなものです。ただし、そうやって積み上げた玩具《おもちゃ》のお城は、たいがいは無用の長物で、当たるも八卦《はっけ》、当たらぬも八卦のエンタテインメントにすぎません。著者としては、「どう？　おもしろかった？」と問うだけで、その効能のほどについては、あなた自身に試してもらうほかありません。こんなお役に立たない試みを社会学者に許してくれている世間サマに、私はまったく頭が上がりません。しかし、社会という代物《しろもの》は、女と同じく、いつでも読まれたがっているので、私も「こう読んであげれば満足？」と問いかけることで、いくらかの貢献はしているかもしれません。

記号論の楽しみは、パズル解きの楽しみなのですが、女性をとり扱うときには、私はいつも頭に少々血がのぼっているのを自覚しないわけにはいきません。男たちに対してやはりヒートしているのですね。テメエら、なめやがって、と。この本のゲラを読み返してみて、私は、やはり私自身が怒っていたことに気がつきました。私はこの本の中で、わいせつなことをいっぱい書きましたが、軟派のウラの硬派の顔を読みとっていただければ幸いです。もちろん、私は、ナンパのほうだって、じゅうぶん楽しみましたが。

この本で、私は、自分がこれまでアマチュアとして行動学や記号論や女性学に対して持ってきた関心が、うまく結びついてひとつの成果になったことを喜んでいます。そして、自分が、「にんげんのおんな」としてアマチュアでありつづけたことが、まちがっていなかったと思うのです(だれだ、女をしろうととくろうとに分けたのは!)。私は女性学のくろうとになりたくはないし、また、社会学という学問がアマチュア・サイエンスであることを喜んでいます。だからどうぞ、硬派と軟派を差別したりしないでくださいますように。ついでにカッパにナンパされたからといって、処女と非処女を差別したりもしないでくださいますように。アマチュアとしての人間は、知性も感性も、軟派の部分も硬派の部分も、まるごと備えた存在なのですから。

勤め先の女子短大で、私は授業中にわいせつ用語を多発し、学生サンから、女も三十歳を過ぎると、顔も赤らめずにあんなスケベエなことが口にできるのか、と呆《あき》れられています。けれど、自分が理解したいことを、まずことばにできるのが、対象を操作するための先決条件なのです。自分のたいせつなところを、アレとかアソコとか言ってるうちは、まだまだ先は遠いようです。自分の性を、まず口に出して言ってみること、それが認識への第一歩です。そして「オ○○コ」という四文字ことばがよほど気分悪ければ、それに代わるべつなことばを発明することですね。

この本のもとになった五〇〇枚を超えるスライドを、いくとおりかに編集して、いくつもの会場で上映しました。そのときの反応の多くは、「なるほどよくわかった。ところでこれはいったい何の役に立つのか？」というものでした。私はべつに、何かのお役に立てようと思ってこの仕事をしたわけではありません。「お役に立てる」のは、あなたのほうです。ぶりっ子したい人は、もっと上手にぶりっ子できるようになるでしょう。どのみち人間は、男であることや女であることから、降《お》りられないのだから。あとはどうやって自分を演出するか、が問題です。私が女の人たちに知ってもらいたいのは、自分がぶりっ子しているときも、それに自覚的でいてほしい、ということです。

この本は、一九八〇年に、平安女学院短大の英文科の演習で、アメリカの社会学者ゴフマンの『ジェンダー・アドバタイズメント』を講読したことがきっかけで生まれました。そのときの受講生だった高橋幸子さん、今川真美さんに感謝します。最初、私は、ゴフマンの翻訳を思い立ちましたが、あとでそれが無意味だと気づいて、それよりゴフマンの方法を応用して日本の例を分析してみようと考えました。日本の大衆雑誌から、ＣＭ写真を収集、分類、分析する膨大な作業は、日本女性学研究会の中にできた「広告の中の性」プロジェクトチームの手によって行なわれました。このチームの内外で協力してくださった皆さん、中塚圭子、樋口佐代子、荻野美穂子、堀川喜子、石飛幸子、山田亜子、山田啓司、北村光二、高井信彦、浜田邦夫(敬称略)の方々に感謝します。本研究は、吉田秀雄記念事業財団および平安女学院個人特別研究費から、財政的な援助を受けました。記して感謝したいと思います。

私を光文社に紹介してくださったのは、栗本慎一郎さんです。栗本さんは、私の処女を喪失させて、カッパというトリックスター集団にひき入れようと企《たくら》んだようです。そのせいで女クリモトという、ありがたくない名前までちょうだいしたようです。

ニューヨークの喧噪《けんそう》に身を置いて感じるのは、人間が生きていくことのエネルギーと物悲しさばかりです。文化差よりは、人間の共通性のほうが私を驚かせます。あなたもよきヒューマン・ウォッチャー(人間観察家)におなりくださいますように。

一九八二年初秋　ニューヨークにて

上野千鶴子

自著解題

1　本書の背景

本書は Erving Goffman, *Gender Advertisements* [1976]をもとに、日本版応用編を論じたものである。もとはカッパブックスという媒体で一般読者向けに書かれているので、研究史上の情報をいくらか補っておきたい。

相互行為論で有名なアーヴィング・ゴフマン(一九二二—八二)には、『行為と演技』[1959=1974]、『スティグマの社会学』[1963=1970]、『出会い——相互行為の社会学』[1961=1985]など、すでにいくつもの邦訳文献があるが、一九七六年刊のこの *Gender Advertisements* は、今日に至るまでまだ邦訳されていない。「あとがき」にも書いたように、わたしは当初、この本の翻訳を思い立ち、その後、方針を変えた。というのも、原著はアメリカの商業広告を対象に取り扱っており、事例もその分析も、「あまりにアメリカ的な」と思えるところが多く、そのまま翻訳することに意味があるとは思えなかったからである。わたしの目的はアメリカ研究ではなく、あくまでゴフマンが採用した行動学の方法を使って、自分と同時代の日本社会を分析することにあった。ゴフマンの提示した方法は明晰で普遍性があり、それを日本の同様の商業広告写真に応用することは、比較的容易だと思われた。

方法は簡明でも、それを実証的な素材をもとに検証する作業は、とうていひとりでは手に負えない規模のものであった。ゴフマンにならってマスメディアに登場する商業広告を網羅するため、一九八〇年に刊行された大衆的なグラフィック誌(『アンアン』『ノンノ』『モア』『ミセス』『プレイボーイ』『ポパイ』等)を対象として、そのうちから、ヒトもしくはヒトのボディの一部が登場する写真またはイラストのすべてを収集して分類するという膨大な作業をおこなった。(人物が登場する写真のうち、有名人を起用したいわゆるキャラクター広告は除外した。この種の広告はその人物のキャリアやイメージなど写真にとって外在的な情報に多くを依存しているうえに、どれも肖像写真のようにワンパターンで行動学的な分析に堪えるおもしろみがないからである。)この作業を共にしてくれたのが、「あとがき」に書いた日本女性学研究会「広告の中の性」プロジェクトチームのメンバーである。類似のサンプルを除き、分析の対象とした広告写真は五〇〇枚を超えた。それを分類し構成して、約六〇枚のスライドショーに仕立てあげ、日本女性学研究会の例会を初め、各地で講演した結果が好評を呼び、最終的に一冊の新書に収まったのが本書である。

したがって軽いノリの文体で書かれてはいても、本書の分析はしかるべき実証の手続きを経て得られた知見にもとづいている。

本書は研究書ではないため、方法や対象の設定についての煩瑣な議論は省略されている。その種の議論は、本書のもとになった研究が助成金を受けた吉田秀雄(電通の創始者)記念事業財団の報告書に詳細に論じた。簡略なレポートは、大阪デザインセンター刊の『情報』四七号(一九八一年)にも、「広告の中の性の行動学的分析」として述べられている。そこから分析のための項目のリストを、参考までに再録しておこう。以下はゴフマンに依拠しながら、それを批判的に検討して再構成したものであることをつけくわえておく。

1　サイズの違い
　①　男は大きく、女は小さく
　②　大女と小男
2　フェミニン・タッチ
　①　男のタッチ
　②　儀礼的タッチ
　③　セルフタッチ

② 半防御半攻撃
③ にらむ(視線による攻撃)
④ 挑発的コケットリー
⑤ 逆転した攻撃

2 人間行動学という方法

一九八二年の刊行からほぼ四半世紀。資料的価値を残すために、前著への改訂は最小限にとどめたが、今ならこんなふうには書かないだろうと思う点がある。

それは動物行動学そのものが持つ生物学的本質主義の問題である。その前に、この当時、行動学が流行した背景を説明しておかなければならない。コンラート・ローレンツを代表とする動物行動学は、やがてデズモンド・モリスのような霊長類研究を介して人間行動学へと発展していった。ベストセラーとなった『裸のサル』[Morris 1967＝1969]は、後に『マンウォッチング――人間の行動学』[Morris 1977＝1980]、『ボディウォッチング――続マンウォッチング』[Morris 1985＝1986]へと発展し、日本でも次々に邦訳が出版されるようになった。図版の多い大型本の『マンウォッチング』には、霊長類の写真とヒトの写真とが類推を促すように並んでおり、ヒトがいかにも体毛をうしなった「裸のサル」であるかがよくわかるように書かれている。ゴフマンの原著にも、動物とヒトとが類推的に並列されており、彼が直接にモリスの影響を受けたことはたしかである。

動物の観察から端を発した行動学が、人間にも応用可能だと考えられるようになった背景には、E・T・ホールの『かくれた次元』[Hall 1966＝1970]の影響もある。ホールもまた動物と人間の観察から、プロクセミックス(近接学)という分野を開拓し、対人距離という見えない信号を解読した。

だが、これはヒトもまた動物である、という生物学的本質主義を指すのだろうか。動物に観察される行動が、人間にも観察可能だということは、それが生物学的に決定されていることをかならずしも意味しない。むしろ逆に、人間に観察可能な行動を、動物にも発見することを通じて、動物の行動に人間的な意味や解釈を与える、一種の擬人主義 anthropomorphism のあらわれだと考えることもできる。たとえば有名なローレンツの『攻撃』[Lorenz 1963＝1970]は、動物の行動の究極の原因を「攻撃」と呼ばれる人間の行動に模して名づけたものだが、のちにローレンツの高弟、人間行動学の創始者であるアイブル＝アイベスフェルトによって修正を加えられた。後者によれば、動物には「攻撃」という概念だけでは説明しきれない行動があり、それを彼は「愛」と名づけ、『愛と憎しみ』[Eibl-

Eibesfeldt 1970＝1986]という著書を書くにいたった。だが、「攻撃」といい、「愛」といい、ヒトの感情に対して与えられた抽象的な概念に対応する反応を、観察された動物が持っているとはかぎらない。言語によって命名されたものを、言語を持たない動物を相手に、検証することは不可能である。そう考えれば、「愛」も「攻撃」も、ヒトが自分たちの行動を動物に投影して、ヒトに模して動物を解釈したものというほかない。

だが、モリスやホールのような人間行動学への関心のさらに背後には、二〇世紀の言語学から発生したヒトのコミュニケーション過程へのつよい関心が共有されている。言語によるコミュニケーションへの関心から出発した言語学は、やがて非言語的なコミュニケーションへと関心を拡大させていく。その過程で、しぐさ、表情、姿勢、行動、距離など、ありとあらゆるヒトの行動が、コミュニケーションのための記号として解読されていった。

構造言語学から発展した記号学は、言語的な記号と非言語的な記号との両方を研究対象に含んでいる。言語的な記号の研究にくらべて、非言語的な記号の研究は遅れていたから、一時期、記号学の研究者はヒトの非言語的な記号の研究に熱中した。髪型や衣装、化粧のような取り替え可能なものから、刺青や身体加工のように非可逆的な身体の変形を伴うもの、そして身振り、しぐさ、行動のような身体技法が、次々に記号学の対象となっていった。儀礼やダンスについても、その文法や構造についての研究が登場した。非言語的な記号の解読は、記号論の研究者にとってわくわくするような新しい研究分野だったのである。ボガトゥイリョフの「衣裳の記号学」[1937＝2005]やブーイサックの「サーカスの記号学」[1976＝1977]などはその成果である。人間行動学への関心はその流れのなかにある。

論じてきたように、人間行動学はヒトの行動を生物としての機能に還元する説明をとらずに、ヒトとヒトのあいだのコミュニケーションの記号として取り扱おうとするものである。そこではすでに行動と機能との関係は失われており、行動は一定のコードのもとに他の個体によって解読可能な、すなわち儀礼的な記号となっている。このコードは、ヒトの場合は、生得的なものというより学習されたものであり、したがって文化的なものである。モリスの『マンウォッチング』もその実、ヒトの文化的な多様性を示しているし、ホールの『かくれた次元』があきらかにするのも、比較文化的な差異である。動物にとって致命的とも言える「個体距離」にすら文化差がある、たとえばイスラム圏のヒトの「個体距離」は欧米人の「個体距離」より短い、という観察が示すのは、個体距離すら普遍的でなく社会と文化によってつくられた慣習だということを意味する。今日の霊長類学があきらかにするのは、霊長類もまた高い学習能力を持っており、それは種間や地域間で「文化差」があるという事実である。というよりも、生得的な信号と学習によって獲得した信号とのあいだを、厳密に区別する必要はないかもしれない。ＤＮＡの指令にしたがって機械的に行動しているように見える動物の間にも、生存の機能に結びつかないような信号への反応が組み込まれているからだ。

そう考えれば、ヒトの行動を動物の行動によって説明する代わりに、動物もまたヒトと類推可能な行動をとることがあり、その類推は説明力を持っている、と言った方がよいだろう。動物行動学を採用することで、生物学的な還元主義や本質主義を避けようとするなら、わたしたちに言えるのは、ここまでである。

3　非言語的記号への関心

「あとがき」に書いたとおり、本書はわたしの記号学的な関心と、当時勃興しつつあった女性学から生まれた関心、そしてメディアと消費社会への関心とが幸せな交叉をしたところに生まれた。以上の関心はそれぞれの領域の研究にその後引き継がれたが、この三つがクロスするような研究主題には、その後、わたしは出会っていない。類書が少ないせいで、本書はその後も長い期間にわたって、多くの読者に読まれつづけてきた。一九八二年初版から一九九三年に至るまで、二一刷、累計一一万部を世に送った。

とりわけメディア研究の領域で非言語的なメッセージの研究を志す後進の研究者によって、卒業論文や修士論文などに引用されてきた。雑誌研究の領域では非言語的な記号を対象にした研究は少なく、後に女性誌の表紙モデルの表情を分析した落合恵美子の業績[2000]が登場したくらいである。ファッションページの分析はあるが、それもロラン・バルトの『モードの体系』[Barthes 1967＝1972]のように、ファッションに付随した言語的なメッセージの分析に終始したものが多い。ポスターの研究も登場したが、商業広告の研究それ自体が少ないだけでなく、コピーという言語的なメッセージの分析はあっても、非言語的なメッセージにまで分析の対象を拡大した研究はほとんどない。テレビ時代にふさわしく、後にCM(ポスターや写真など静止的な商業広告)だけでなく、CF(動画による商業広告つまりコマーシャルフィルム)研究を志す者も現れたが、その分析に成功した例は、寡聞にして知らない。

オーディオ・ヴィジュアル時代には、言語的な記号のみならず、非言語的な記号を多用したメッセージが発信され、受信されている。言語学の領域でも、声、表情、位置、姿勢など、言語によらないパラリンギスティック・メッセージ paralinguistic message の重要性はますます強調されている。言語だけが記号なのではない。というよりも、ありとあらゆるものを記号として読み解こうとする「意味に憑かれた」ヒトの社会の研究には、記号学が有効なのである。

4　本書の読まれ方

四半世紀経って、本書はどのように読まれるだろうか？

しぐさの文法や身体技法に関心が高まりながら、方法上の困難から、研究の蓄積がそれほど多いとは言えない今日においても、本書の価値は減じているようには思えない。内容的には、具体的な事例や人名に、古めかしさを感じるのはやむをえないが、書かれた予見の多くは、当たっているように思える。

こういう分析のおもしろさは、セオリーどおりの定型を解釈するだけでなく、逸脱事例をどう読むか、というところにある。事例のなかには、ジェンダーの定型から逸脱した構図や、位置関係が反転した事例が含まれる。そこに示された解釈までを、ゴフマンが提供してくれたわけではない。それは「女の時代」ともてはやされていた当時の時代状況を色濃く反映しながら、時代の文脈にそって、わたし自身が解釈したものであり、憶測や予想をたくさん含んでいる。

しかもわたしが分析したのは、商業広告という表象である。これはメディア研究の一種だが、メディア研究者がだれでも承知しているように、メディアは現実と同じではない。メディアは現実の一部を誇張し、べつの一部を隠蔽することで、現実の解釈図式をそれこそ図式的に提示する点で、ゴフマンのいうとおり、「超儀礼化 hyper-ritualization」を実践している。その点で、商業広告というメディアは、うってつけの研究対象だったともいえる。それは現実を半歩先んじることで、現実の変化を予感し、変化を領導する役割を果たしているからである。

現実から退却する男たち、ますます攻撃的になる女たち……とわたしは書いた。四半世紀経って、「草食系男子」が登場し、「婚活」に女性が積極的になる時代を迎えて、わたしの予想は当たったのだろうか。また性の自由市場化のもとで、性犯罪はけっしてなくならない、女性一般に無差別に恨みをもつような性犯罪が深刻化するだろうとわたしは予想したが、秋葉原の無差別殺傷事件の犯人、K君が「非モテ」を理由に殺人を犯したと聞けば、この予想は正しかったのだろうか。

それらは読者にあらためて判定してもらうほかない。

5　処女作から

本書はわたしの「処女喪失作」である。処女作のなかに作家(わたしは作家ではないが、物書きではある)のすべてが含まれていると言われるように、本書のなかに、わたしのさまざまな側面がすでにあらわれていることを見て取る読者もいるだろう。また、作家は処女作を超えることがない、とも言われるが、わたしのその後の仕事の展開は、「処女作」の射程を超えたと思う。

本書の初版を刊行したのと同時期に、わたしは『主婦論争を読む』I・II(勁草書房、一九八二年)を刊行した。こちらもまた当時の日本女性学研究会の「主婦論争」プロジェクトチームの産物である。主婦論争の掲載誌であった『婦人公論』のバックナンバーを求めて、京都府立図書館に通い、まだコピー機もなかった時代に、青焼きで資料を複写した。主婦論争の研究はその後、約一〇年を経て『家父長制と資本制』(岩波書店、一九九〇年)の不払い労働論に結実した。

それと同じ時期に、わたしは本書から発展した記号論的な消費社会論に手を染めていた。『〈私〉探しゲーム——欲望私民社会論』[1987]はその成果である。『主婦論争を読む』[1982]から『家父長制と資本制』[1990]へ至る系譜と、『セクシィ・ギャルの大研究』[1982]から『〈私〉探しゲーム』へと至る系譜とは、後に、ウエノチズコさんはあの上野千鶴子さんと同じ人ですかと言われるほどに、研究のスタイルも文体も異なっている。だが、ふりかえってみれば、レコードのA面とB面、硬派と軟派、上半身と下半身、国民国家からパンティまで、ジェンダー研究に扱えない領域はなく、それはわたしという生きた人間の関心領域のすべてを網羅していたと言えるだろう。

6　幸福なスタート

処女作としての本書は、幸せなスタートを切った。原著のカッパブックス版には、オモテ表紙の折り返しに人類学者の山口昌男さんの推薦文が、ウラ表紙の折り返しに経済人類学者の栗本慎一郎さんの推薦文が掲載されている。当代随一の知的トリックスターだったこのおふたりに挟まれて、無名の社会学者が第一作を刊行できたのは、幸運というほかない。

光文社で本書を担当してくださったのは小野俊一さんだった。わたしの示したタイトルは、本書の副題にある「女の読み方・読まれ方・読ませ方」だったが、それが「セクシィ・ギャルの大研究」に変わっていたのは彼の意向である。原著の大胆な表紙と煽情的なタイトルのおかげで、無名の書き手の本が売れたのは彼の功績ではあるが、書店の棚で、本書が謝国権の『性生活の知恵』と並んで置かれていたのにはびっくりした。小野さんとはその後も長きにわたって友情が続いたが、カッパブックスで第二弾を出すことができなかったのは心残りである。その彼も昨年、定年を迎えた。

本書の刊行後、両親は「こんな娘に育てたはずがないのに……」と嘆いたが、後になって、母が書店に何冊も注文し、知人や縁者に「こんなふうに見えるけれど、この本はまじめな学術書で……」と弁解しながら配っていたことを知って、親とはありがたいものだと思った。その両親も、もうこの世にない。
　また研究の性格上、図版を多用しなければならなかったが、どの図版にも著作権がある。それをそのまま引用することがむずかしいために、原著では広告写真をもとに、すべてイラストレーターに図版をオリジナルに作成してもらった。岩波現代文庫版を刊行するに当たって、同じ図版を再使用させていただいた。感謝したい。
　本書は「上野千鶴子の仕事」のシリーズの皮切りとして、岩波現代文庫に収録されることになった。尽力してくださったのは、編集者の大山美佐子さんである。シリーズの装丁は桂川潤さんがウィットに富んだ基調をつくってくださった。わたしの記念すべき処女作が、シリーズの端緒になるという偶然も感慨深い。

二〇〇九年桜の季節に

著　者

〈参考文献〉

Barthes, Roland, 1967, *Systeme de la mode*, Édition du Seuil, Paris. = 1972 佐藤信夫訳『モードの体系』みすず書房

Bogatyrev, P. G., 1937, *Funkcie kroja na Moravskom Slovensku*. = 2005 桑野隆・朝妻恵里子編訳『衣裳のフォークロア　増補・新訳版』せりか書房

Bouissac, P., 1976, *Circus and Culture*, Indiana University Press, Bloomington. = 1977 中沢新一『サーカス——アクロバットと動物芸の記号論』せりか書房

Eibl-Eibesfeldt, I., 1970, *Liebe und Hass: Zur Naturgeschichte elementarer Verhaltensweisen*, R. Piper & Co. Verlag, München. = 1986 日高敏隆・久保和彦訳『愛と憎しみ——人間の基本的行動様式とその自然誌』みすず書房

Goffman, Erving, 1959, *The Presentation of Self in Everyday Life*, Doubleday & Company, New York. = 1974 石黒毅訳『行為と演技——日常生活における自己呈示』誠信書房

Goffman, Erving, 1961, *Encounters: Two Studies in the Sociology of Interaction*, The Bobbs-Merrill Company, New York. = 1985 佐藤毅・折橋徹彦訳『出会い——相互行為の社会学』誠信書房

Goffman, Erving, 1963, *Stigma: Notes on the Management of Spoiled Identity*, Prentice-Hall. = 1970 石黒毅訳『スティグマの社会学——烙印を押されたアイデンティティ』せりか書房

Goffman, Erving, 1976, *Gender Advertisements*, Cambridge, Mass.: Harvard University Press.

Hall, E.T., 1966, *The Hidden Dimension*, Doubleday & Company, New York. = 1970 日高敏隆・佐藤信行訳『かくれた次元』みすず書房

Lorenz, Konrad, 1963, *Das Sogenannte Böse: Zur Naturgeschichte der Aggression*, Dr. G. Borotha-Schoeler Verlag, Wien. = 1970 日高敏隆・久保和彦訳『攻撃――悪の自然誌』Ｉ・II、みすず書房

Morris, Desmond, 1967, *The Naked Ape*, Jonathan Cape, London. = 1969 日高敏隆訳『裸のサル――動物学的人間像』河出書房新社

Morris, Desmond, 1977, *Manwatching: A Field Guide to Human Behaviour*, Elsevier Publishing Projects, London. = 1980 藤田統訳『マンウォッチング――人間の行動学』小学館

Morris, Desmond, 1985, *Bodywatching*, Equinox (Oxford). = 1986 藤田統訳『ボディウォッチング――続マンウォッチング』小学館

落合恵美子 2000「ビジュアル・イメージとしての女――戦後女性誌が見せる性役割」『近代家族の曲がり角』角川書店

上野千鶴子 1982『セクシィ・ギャルの大研究』光文社

上野千鶴子 1982『主婦論争を読む』Ｉ・II、勁草書房

上野千鶴子 1987『〈私〉探しゲーム――欲望私民社会論』筑摩書房　1992 ちくま学芸文庫

上野千鶴子 1990『家父長制と資本制』岩波書店

本書は一九八二年一〇月、光文社から刊行された。

イラストレーション資料出典一覧

・凡例：記載は一列の左より，掲載ページ―図番号／広告主または出版社名／掲載誌・紙または書名／イラストレーターの順.
・イラストレーター：斎木磯司，長谷川いさお，杉本征，青木正明，石附誠，金井欣司，小山律子

第1章

13―①／写真原版・大高成元／杉本
14―②／旭光学工業／non-no／斎木
15―③／興国化学工業／POPEYE／斎木
16―④／シチズン時計／ミセス／青木
21―①／ダイナーズ・クラブ／朝日新聞／斎木
26―②／ボブソン／PLAYBOY／金井
27―③／資生堂／PLAYBOY／斎木
28―④／ラモーナ／クロワッサン／長谷川
30―⑤／富士写真フイルム／ミセス／長谷川
31―⑥／本田技研工業／クロワッサン／長谷川
34―①／LEE／PLAYBOY／杉本
35―②／資生堂／PLAYBOY／長谷川
38―③／サガ・ファー・オブ・スカンジナビア／MORE／長谷川
38―④／長堀貿易／ミセス／斎木
41―①／アルトマン・システム／週刊ポスト／金井
42―②／デサント／PLAYBOY／長谷川

43―③／カネボウ化粧品／PLAYBOY／長谷川
44―④／LEE／POPEYE／長谷川

第2章

49―①／平凡出版／平凡パンチ／斎木
53―②／集英社／PLAYBOY／斎木
54―③／流行通信／流行通信／斎木
55―④／流行通信／流行通信／杉本
58―①／集英社／PLAYBOY／斎木
59―②／小学館／デズモンド・モリス『マンウォッチング』／斎木
63―③／小学館／デズモンド・モリス『マンウォッチング』／斎木
65―④／ダイアモンド・インフォメーション・センター／MORE／斎木
65―⑤／小学館／デズモンド・モリス『マンウォッチング』／斎木
70―①／思索社／コンラート・ローレンツ『動物行動学』／斎木
71―②／小学館／デズモンド・モリス『マンウォッチング』／斎木
72―③／小学館／デズモンド・モリス『マンウォッチング』／斎木
73―④／小学館／デズモンド・モリス『マンウォッチング』／斎木
74―⑤／小学館／デズモンド・モリス『マンウォッチング』／金井
74―⑥／集英社／PLAYBOY／斎木
76―①／みすず書房／アイブル＝アイベスフェルト『比較行動

学』／斎木
77—②／集英社／PLAYBOY／長谷川
78—③／ジェフリー・ビーン・ジーンズ／POPEYE／斎木
79—④／福助／non-no／斎木
80—⑤／集英社／PLAYBOY／長谷川
80—⑥／アーノルド・キャスパー・ジャパン／non-no／長谷川
83—①／サスーン／non-no／斎木
85—②／たち吉／流行通信／長谷川
85—③／日本航空／PLAYBOY／斎木
85—④／パイオニア／PLAYBOY／斎木
86—⑤／福助／non-no／金井
89—⑥／流行通信／流行通信／斎木
90—⑦／文化出版局／ミセス／斎木

第3章

95—①／グンゼ産業／ミセス／長谷川
96—②／東レ／PLAYBOY／杉本
97—③／ビッグ・ジョン／PLAYBOY／長谷川
99—④／みすず書房／アイブル＝アイベスフェルト『愛と憎しみ I』／斎木
102—①／みすず書房／アイブル＝アイベスフェルト『愛と憎しみ II』／斎木
102—②／みすず書房／アイブル＝アイベスフェルト『愛と憎しみ I』／斎木
104—③／ウィンドミル株式会社丸山／PLAYBOY／小山
105—④／カネボウ化粧品／non-no／金井
107—⑤／クラレ／MORE／杉本
107—⑥／クラリオン／PLAYBOY／長谷川
110—①／みすず書房／アイブル＝アイベスフェルト『比較行

動学』／斎木
114—②／レリアン／ミセス／長谷川
114—③／福助／non-no／長谷川
115—④／ブリヂストン・サイクル／主婦の友／長谷川
115—⑤／樫山／MORE／長谷川
116—⑥／東京ニューモード／non-no／杉本
119—①／タカヤ商事／non-no／斎木
120—②／集英社／MORE／斎木
121—③／ゴールドウィン／POPEYE／斎木
124—①／味の素ゼネラルフーヅ／MORE／斎木
126—②／日本楽器製造／文藝春秋／斎木
129—①／みすず書房／アイブル＝アイベスフェルト『愛と憎しみ I』／斎木
131—②／みすず書房／アイブル＝アイベスフェルト『比較行動学』／斎木
132—③／小学館／デズモンド・モリス『マンウォッチング』／石附
134—④／流行通信／流行通信／金井
135—⑤／麒麟麦酒／主婦の友／長谷川
138—①／小学館／デズモンド・モリス『マンウォッチング』／斎木
139—②／みすず書房／アイブル＝アイベスフェルト『愛と憎しみ I』／斎木
140—③／みすず書房／アイブル＝アイベスフェルト『愛と憎しみ I』／斎木
141—④／小学館／デズモンド・モリス『マンウォッチング』／杉本
142—⑤／資生堂／POPEYE／斎木

第4章

147—①／パルコ出版／『坂東玉三郎』／斎木
148—②／三楽オーシャン／ミセス／斎木
150—③／Blackglama／ミセス／斎木
151—④／チーズブロー・ボンズ(ジャパン)／MORE／長谷川
153—⑤／ミノルタカメラ／PLAYBOY／斎木
156—①／小学館／デズモンド・モリス『マンウォッチング』／杉本
157—②／みすず書房／アイブル＝アイベスフェルト『愛と憎しみ I』／斎木
158—③／市田／non-no／杉本
159—④／婦人画報社／別冊婦人画報『玉三郎』／石附
159—⑤／小学館／デズモンド・モリス『マンウォッチング』／杉本
160—⑥／ランコム／クロワッサン／長谷川
163—①／大塚製薬／POPEYE／杉本
164—②／ベルソラ／PLAYBOY／杉本
165—③／資生堂／MORE／長谷川
166—④／集英社／non-no／杉本
166—⑤／カネボウ化粧品／non-no／斎木
169—①／味岡／流行通信／斎木
170—②／キッコーマン／POPEYE／斎木
171—③／パイオニア／POPEYE／斎木
173—④／ダイヤモンド・インフォメーション・センター／主婦の友／小山
173—⑤／サントリー／POPEYE／長谷川
176—①／ニナ・リッチ／non-no／斎木
177—②／シェリーナ・ヘア化粧品／non-no／石附
178—③／カネボウ化粧品／MORE／青木

178—④／東洋工業／PLAYBOY／斎木
180—⑤／ボシュロム・ジャパン／PLAYBOY／斎木
183—①／ポーラ化粧品／MORE／斎木
184—②／ミキモト化粧品／ミセス／長谷川
185—③／トロピア化粧品／non-no／長谷川
186—④／ライオン／non-no／斎木
187—⑤／ワコール／クロワッサン／斎木
190—⑥／資生堂／ミセス／斎木
191—⑦／レリアン／ミセス／斎木
191—⑧／保谷硝子／ミセス／斎木
195—①／集英社／MORE／斎木
196—②／婦人画報社／別冊婦人画報『玉三郎』／石附
196—③／三松／non-no／長谷川
197—④／資生堂／POPEYE／斎木
200—①／ロティニー／ミセス／斎木
201—②／サントリー／MORE／長谷川
201—③／パイオニア／PLAYBOY／長谷川
201—④／三菱自動車／PLAYBOY／長谷川

第5章

207—①／三菱電機／PLAYBOY／長谷川
209—②／ワールド／ミセス／長谷川
210—③／樫山／ミセス／長谷川
214—①／松下電器産業／週刊ポスト／斎木
216—②／MIKURA NOVA／流行通信／青木
217—③／流行通信／流行通信／青木
217—④／銀座ジョセフィーヌ／クロワッサン／青木
220—①／大塚製薬／ミセス／長谷川
222—②／ココ山岡／MORE／杉本

227—①／大和銀行／クロワッサン／青木
228—②／カネボウ化粧品／MORE／斎木
230—③／ヤマモトグループ／MORE／長谷川

セクシィ・ギャルの大研究
―女の読み方・読まれ方・読ませ方

2009年5月15日　第1刷発行
2019年7月16日　第10刷発行

著　者　上野《うえの》千鶴子《ちづこ》

発行者　岡本　厚

発行所　株式会社　岩波書店
〒101-8002 東京都千代田区一ツ橋2-5-5
案内 03-5210-4000　営業部 03-5210-4111
https://www.iwanami.co.jp/

印刷・精興社　製本・中永製本

ISBN 978-4-00-600217-6　Printed in Japan

岩波現代文庫の発足に際して

新しい世紀が目前に迫っている。しかし二〇世紀は、戦争、貧困、差別と抑圧、民族間の憎悪等に対して本質的な解決策を見いだすことができなかったばかりか、文明の名による自然破壊は人類の存続を脅かすまでに拡大した。一方、第二次大戦後より半世紀余の間、ひたすら追い求めてきた物質的豊かさが必ずしも真の幸福に直結せず、むしろ社会のありかたを歪め、人間精神の荒廃をもたらすという逆説を、われわれは人類史上はじめて痛切に体験した。

それゆえ先人たちが第二次世界大戦後の諸問題といかに取り組み、思考し、解決を模索したかの軌跡を読みとくことは、今日の緊急の課題であるにとどまらず、将来にわたって必須の知的営為となるはずである。幸いわれわれの前には、この時代の様ざまな葛藤から生まれた、人文、社会、自然諸科学をはじめ、文学作品、ヒューマン・ドキュメントにいたる広範な分野のすぐれた成果の蓄積が存在する。

岩波現代文庫は、これらの学問的、文芸的な達成を、日本人の思索に切実な影響を与えた諸外国の著作とともに、厳選して収録し、次代に手渡していこうという目的をもって発刊される。いまや、次々に生起する大小の悲喜劇に対してわれわれは傍観者であることは許されない。一人ひとりが生活と思想を再構築すべき時である。

岩波現代文庫は、戦後日本人の知的自叙伝ともいうべき書物群であり、現状に甘んずることなく困難な事態に正対して、持続的に思考し、未来を拓こうとする同時代人の糧となるであろう。

（二〇〇〇年一月）

岩波現代文庫［学術］

G367
アイヒマン調書
―ホロコーストを可能にした男―
ヨッヘン・フォン・ラング編
小俣和一郎訳

ナチスによるユダヤ人殺戮のキーマン、アイヒマン。八カ月、二七五時間にわたる尋問調書から浮かび上がるその人間像とは？〈解説〉芝 健介

G368
新版 はじまりのレーニン
中沢新一

西欧形而上学の底を突き破るレーニンの唯物論はどのように形成されたのか。ロシア革命一〇〇年の今、誰も書かなかったレーニン論が蘇る。

G369
歴史のなかの新選組
宮地正人

信頼に足る史料を駆使して新選組のリアルな実像に迫り、幕末維新史のダイナミックな構造の中でとらえ直す、画期的〝新選組史論〟。「浪士組・新徴組隊士一覧表」を収録。

G370
新版 漱石論集成
柄谷行人

思想家柄谷行人にとって常に思考の原点であった漱石に関する評論、講演録等を精選し、集成。同時代の哲学・文学との比較など多面的な切り口からせまる漱石論の決定版。

G371
ファインマンの特別講義
―惑星運動を語る―
D・L・グッドスティーン
J・R・グッドスティーン
砂川重信訳

知られざるファインマンの名講義を再現。三角形の合同・相似だけで惑星の運動を説明。再現にいたる経緯やエピソードも印象深い。

2019.7

岩波現代文庫[学術]

G372
ラテンアメリカ五〇〇年
―歴史のトルソー―
清水透

ヨーロッパによる「発見」から現代まで、約五〇〇年にわたるラテンアメリカの歴史を、独自の視点から鮮やかに描き出す講義録。

G373
〈仏典をよむ〉1 ブッダの生涯
中村元
前田專學監修

誕生から悪魔との闘い、最後の説法まで、ブッダの生涯に即して語り伝えられている原始仏典を、仏教学の泰斗がわかりやすくよみ解く。〈解説〉前田專學

G374
〈仏典をよむ〉2 真理のことば
中村元
前田專學監修

原始仏典で最も有名な「法句経」、仏弟子たちの「告白」、在家信者の心得など、人の生きる指針を説いた数々の経典をわかりやすく解説。〈解説〉前田專學

G375
〈仏典をよむ〉3 大乗の教え(上)
―般若心経・法華経ほか―
中村元
前田專學監修

『般若心経』『金剛般若経』『維摩経』『法華経』『観音経』など、日本仏教の骨格を形成した初期の重要な大乗仏典をわかりやすく解説。〈解説〉前田專學

G376
〈仏典をよむ〉4 大乗の教え(下)
―浄土三部経・華厳経ほか―
中村元
前田專學監修

浄土教の根本経典である浄土三部経、菩薩行を強調する『華厳経』、護国経典として名高い『金光明経』など日本仏教に重要な影響を与えた経典を解説。〈解説〉前田專學

2019.7

岩波現代文庫［学術］

G377
済州島四・三事件
―「島《タムナ》のくに」の死と再生の物語―
文京洙

一九四八年、米軍政下の朝鮮半島南端・済州島で多くの島民が犠牲となった凄惨な事件。長年封印されてきたその実相に迫り、歴史と真実の恢復への道程を描く。

G378
平面論
―一八八〇年代西欧―
松浦寿輝

イメージの近代は一八八〇年代に始まる。さまざまな芸術を横断しつつ、二〇世紀の思考の風景を決定した表象空間をめぐる、チャレンジングな論考。〈解説〉島田雅彦

G379
新版 哲学の密かな闘い
永井均

人生において考えることは闘うこと――哲学者・永井均の、「常識」を突き崩し、真に考える力を養う思考過程がたどれる論文集。

G380
ラディカル・オーラル・ヒストリー
―オーストラリア先住民アボリジニの歴史実践―
保苅実

他者の〈歴史実践〉との共奏可能性を信じ抜く――それは、差異と断絶を前に立ち竦む世界に、歴史学がもたらすひとつの希望。〈解説〉本橋哲也

G381
臨床家 河合隼雄
谷川俊太郎
河合俊雄編

多方面で活躍した河合隼雄の臨床家としての姿を、事例発表の記録、教育分析の体験談、インタビューなどを通して多角的に捉える。

2019. 7

G382
思想家 河合隼雄
中沢新一
河合俊雄編

心理学の枠をこえ、神話・昔話研究から日本文化論まで広がりを見せた河合隼雄の著作。多彩な分野の識者たちがその思想を分析する。

G383
河合隼雄語録
カウンセリングの現場から
河合隼雄
河合俊雄編

京大の臨床心理学教室での河合隼雄のコメント集。臨床家はもちろん、教育者、保護者などにも役立つヒント満載の「こころの処方箋」。〈解説〉岩宮恵子

G384
新版 占領の記憶 記憶の占領
―戦後沖縄・日本とアメリカ―
マイク・モラスキー
鈴木直子訳

日本にとって、敗戦後のアメリカ占領は何だったのだろうか。日本本土と沖縄、男性と女性の視点の差異を手掛かりに、占領文学の時空間を読み解く。

G385
沖縄の戦後思想を考える
鹿野政直

苦難の歩みの中で培われてきた曲折に満ちた沖縄の思想像を、深い共感をもって描き出し、沖縄の「いま」と向き合う視座を提示する。

G386
沖縄の淵
―伊波普猷とその時代―
鹿野政直

「沖縄学」の父・伊波普猷。民族文化の自立と従属のはざまで苦闘し続けたその生涯と思索を軸に描き出す、沖縄近代の精神史。

2019.7

岩波現代文庫［学術］

G387
『碧巌録』を読む
末木文美士
「宗門第一の書」と称され、日本の禅に多大な影響をあたえた禅教本の最高峰を平易に読み解く。「文字禅」の魅力を伝える入門書。

G388
永遠のファシズム
ウンベルト・エーコ
和田忠彦訳
ネオナチの台頭、難民問題など現代のアクチュアルな問題を取り上げつつファジーなファシズムの危険性を説く、思想的問題提起の書。

G389
自由という牢獄
―責任・公共性・資本主義―
大澤真幸
大澤自由論が最もクリアに提示される主著が文庫に。自由の困難の源泉を探り当て、その新しい概念を提起。河合隼雄学芸賞受賞作。

G390
確率論と私
伊藤清
日本の確率論研究の基礎を築き、多くの俊秀を育てた伊藤清。本書は数学者になった経緯や数学への深い思いを綴ったエッセイ集。

G391-392
幕末維新変革史（上・下）
宮地正人
世界史的一大変革期の複雑な歴史過程の全容を、維新期史料に通暁する著者が筋道立てて描き出す、幕末維新通史の決定版。下巻に略年表・人名索引を収録。

2019. 7

G393
不平等の再検討
―潜在能力と自由―
アマルティア・セン
池本幸生
野上裕生 訳
佐藤仁

不平等はいかにして生じるか。所得格差の面からだけでは測れない不平等問題を、人間の多様性に着目した新たな視点から再考察。

G394-395
墓標なき草原(上・下)
―内モンゴルにおける文化大革命・虐殺の記録―
楊海英

文革時期の内モンゴルで何があったのか。体験者の証言、同時代資料、国内外の研究から、隠蔽された過去を解き明かす。司馬遼太郎賞受賞作。〈解説〉藤原作弥

G396
過労死・過労自殺の現代史
―働きすぎに斃れる人たち―
熊沢誠

ふつうの労働者が死にいたるまで働くことによって支えられてきた日本社会。そのいびつな構造を凝視した、変革のための鎮魂の物語。

G397
小林秀雄のこと
二宮正之

自己の知の限界を見極めつつも、つねに新たな知を希求し続けた批評家の全体像を伝える本格的評論。芸術選奨文部科学大臣賞受賞作。

G398
反転する福祉国家
―オランダモデルの光と影―
水島治郎

「寛容」な国オランダにおける雇用・福祉改革と移民排除。この対極的に見えるような現実の背後にある論理を探る。

2019.7

G399
テレビ的教養
—一億総博知化への系譜—
佐藤卓己

「一億総白痴化」が危惧された時代から約半世紀。放送教育運動の軌跡を通して、〈教養のメディア〉としてのテレビ史を活写する。〈解説〉藤竹　暁

G400
ベンヤミン
—破壊・収集・記憶—
三島憲一

二〇世紀前半の激動の時代に生き、現代思想に大きな足跡を残したベンヤミン。その思想と生涯に、破壊と追憶という視点から迫る。

G401
新版 天使の記号学
—小さな中世哲学入門—
山内志朗

世界は〈存在〉という最普遍者から成る生地の上に性的欲望という図柄を織り込む。〈存在〉のエロティシズムに迫る中世哲学入門。〈解説〉北野圭介

G402
落語の種あかし
中込重明

博覧強記の著者は膨大な資料を読み解き、落語成立の過程を探り当てる。落語を愛した著者面目躍如の種あかし。〈解説〉延広真治

G403
はじめての政治哲学
デイヴィッド・ミラー
山岡龍一
森　達也　訳

哲人の言葉でなく、普通の人々の意見・情報を手掛かりに政治哲学を論じる。最新のものまでカバーした充実の文献リストを付す。〈解説〉山岡龍一

2019. 7

岩波現代文庫[学術]

G404
象徴天皇という物語
赤坂憲雄

この曖昧な制度は、どう思想化されてきたのか。天皇制論の新たな地平を切り拓いた論考が、新稿を加えて、平成の終わりに蘇る。

G405
5分でたのしむ数学50話
エアハルト・ベーレンツ
鈴木 直訳

5分間だけちょっと数学について考えてみませんか。新聞に連載された好評コラムの中から選りすぐりの50話を収録。〈解説〉円城 塔

G406
デモクラシーか 資本主義か
—危機のなかのヨーロッパ—
J・ハーバーマス
三島憲一編訳

現代屈指の知識人であるハーバーマスが、最近十年のヨーロッパの危機的状況について発表した政治的エッセイやインタビューを集成。現代文庫オリジナル版。

G407
中国戦線従軍記
—歴史家の体験した戦場—
藤原 彰

一九歳で少尉に任官し、敗戦までの四年間、最前線で指揮をとった経験をベースに戦後の戦争史研究を牽引した著者が生涯の最後に残した「従軍記」。〈解説〉吉田 裕

G408
ボンヘッファー
—反ナチ抵抗者の生涯と思想—
宮田光雄

反ナチ抵抗運動の一員としてヒトラー暗殺計画に加わり、ドイツ敗戦直前に処刑された若きキリスト教神学者の生と思想を現代に問う。

2019.7